平凡匠心

语文教学本源探索

杨坤　主编

天津社会科学院出版社

图书在版编目（CIP）数据

平凡匠心：语文教学本源探索 / 杨坤主编. --天
津：天津社会科学院出版社，2021．7
ISBN 978-7-5563-0747-0

Ⅰ.①平… Ⅱ.①杨… Ⅲ.①中学语文课－教学研究
－高中 Ⅳ.①G633．302

中国版本图书馆 CIP 数据核字（2021）第 152038 号

平凡匠心：语文教学本源探索

PINGFAN JIANGXIN: YUWEN JIAOXUE BENYUAN TANSUO

出 版 发 行：天津社会科学院出版社
地　　　址：天津市南开区迎水道 7 号
邮　　　编：300191
电话/ 传 真：(022) 23360165（总编室）
　　　　　　(022) 23075303（发行科）
网　　　址：www. tass-tj. org. cn
印　　　刷：英格拉姆印刷(固安)有限公司

开　　　本：787×1092 毫米　1/16
印　　　张：13.25
字　　　数：185 千字
版　　　次：2021 年 7 月第 1 版　2021 年 7 月第 1 次印刷
定　　　价：68.00 元

序

　　理想语文课堂的境界是绝大多数教育者心向往之并为之实践的实现深度语文的学习状态，无论人们对此的理解怎么莫衷一是，但有一点是相同的——希望语文课堂是师生生命和灵魂有所寄寓和实现的栖息地。为此，杨坤名师工作室的各位教师围绕"语文教学本源"，凭借着一颗颗"平凡匠心"在语文教学的道路上不断尝试、反思、修正、再尝试，最终总结出具有理论和实践价值的教学策略，其主要成果汇编成书，包括理论探索（阅读教学探索、写作教学探索）和教学实践两大部分。

　　歌德在《浮士德》中曾温馨提醒："一切理论都是灰色的，唯生命之树常青。"语文课堂最大的意义和价值，就是活出生命的意趣，彰显生命的活泼与朗然。我们尝试语文课堂中阅读教学和写作教学进行多角度思考，激活深度学习，促进课堂教学民主化。

　　多角度解读文本，改变阅读教学方式；找准合适的文本切入点，进行有意义的多角度的文本阅读；引导学生规范地合理地多角度阅读，切实提高阅读能力，对文本深入地、多角度地、个性化地解读是真正意义上的阅读，是孕育学生有品质的写作的阅读。我们让源泉活水注入语文课堂，让学生真正成为阅读的主人，让阅读真正成为学生个性化的行为，让学生在多角度解读文本的过程中，发散思维，培养他们的创新精神，发展他们独特的写作能力，挖掘潜能，提升语文核心素养，让语文课堂真正成为学生喜欢、热爱的课堂。读书求知,当然是要的,但应该明白:理论、知识和技巧,科学的发展与进步,终极就是对人的关怀。"人是目的,而非手段",康德说。

我们以"课堂教学实践"为问题的起源,基于实践尝试和探索各种途径、方式和方法,最终期于达到理想的境界,实现"生命之树常青"之宏愿。本书就是这段即将逝去的年华的见证,把这些零碎的思考汇集付梓,不至于淹没在岁月的琐屑之中,是为序以飨读者。

目 录

第一章　语文课堂教学的思考

教师在现代的课堂上应改变传统的支配者、指挥者的角色,真正成为学生学习上的引路人,要从根本上摒弃那种高高在上态度,要俯下身来认真倾听学生的心声,关注不同个体的差异,充分保护好学生的好奇心、求知欲,在和谐的课堂氛围中与学生交流、研究、探讨,师生一起愉快地完成教学任务,实现学生语文核心素养的提升。

第一节　多种角度,激活深度学习

《语文课程标准》(以下简称《课标》)强调阅读是学生的个性化行为,在语文教学中要充分尊重学生在学习过程中的独特体验,倡导对文本的多角度、有创意的、个性化的阅读。因此,在教学过程中,教师作为教学的组织者和引导者,要珍视学生独特的阅读感受、体验和理解,更多的是做到比照、发现、变化与突破;学生则应在阅读中思考、表达、概括和总结。在深度教学背景下的初中语文阅读教学就是要求教师始终能够站在学生的立场来看待教育教学工作,充分调动学生的主观能动性和积极性,让学生的思维、思想动起来,最终达到提升学生语文阅读能力的目的。

阅读过程是通过书面语言理解文本作者的思想、观点、情感的过程,它强调阅读者的主观感悟和体验,有很强的个性化特征。又由于人们的身份、经历、立场观点、理解能力、接受程度、思想深度、兴趣爱好等的不同,每个人在阅读文本的时候都会进行私人的二次加工,对文本的理解和欣赏也会不同,因而就会有主观的差别。而学生作为鲜活的个体,他们有着活跃的思维,丰富的情感,面对语文课程意蕴丰厚的文本内容,他们的理解必定是多角度的。因此,对文本的解读也会是多角度的。那么,怎样对文本进行高效多角度解读,让学生在多角度的解读过程中,提出个性化见解、完善人格、提升阅读能力呢?

一、促进课堂教学民主化,多角度解读文本,改变阅读教学方式

要让学生在语文课堂教学中多角度地解读文本,提高学生的个性化文本解读能力,首要任务是要尊重学生,促进课堂教学的民主化。但是,由于我国教育长期以来形成的固有模式——教师处在高高在上的位置上,形成了师生之间我教你学的单向知识传递方式,进而造成教师与学生之间的隔膜和彼此的疏远。学生在课堂上只是被动地接受教师传授的知识,而不是积极主动的参与课堂教学,这种教学方式死板,师生之间缺乏彼此的互动,既不能激发学生学习的主动性,又不能开拓学生的创新思维,严重影响了课堂教学效果。

如有位教师在讲解《愚公移山》这篇课文时,一位学生举手说:"教师,我想提出一个问题。如果天帝没有被愚公的决心所感动,不让天神背走了那两座山,那愚公的子子孙孙会一直把山挖下去吗? 如果愚公的后代不想要再挖山了,怎么办呢?"本来这是一个值得探讨的问题,可以让学生进行充分讨论。学生刚开始回答时,答案可能五花八门,这时教师如果能正确引导,让学生明白愚公移山的目的是要造福千千万万的人,那么他的后代也会世世代代地坚持下去,完成愚公的心愿。可是教师听到这个问题后,却很不耐烦,说:"学习这篇课文,我们只要了解愚公的精神就可以了,其他问题不必深究。"一句"问

题不必深究"极大地挫伤了学生的学习积极性,浇灭了学生探索知识的火花。由此可见,教师在课堂上所起的作用是巨大的,既有促进学生思维发展起到积极引导作用,又有对学生思维发展的负面作用。

新的教育理论和实践要求我们的课堂要民主化。教师作为教学的引领者,应充分尊重学生,教师要培养学生独立、自主、主动地探究问题的能力,要让课堂可以听到不同的声音,而不只是教师的一言堂。因此,在教育教学过程中,教师要主动实施民主化教学,保护学生的个性,培养学生的创新思维,让学生乐于思考,敢于发问、质疑,勇于提出自己的观点。

教师要与学生建立和谐的新型师生关系,让课堂上的师生能够真正的心灵相通,这样才能让师生互相促进,充分培养学生的主体意识、主体精神和个性特长。只有在这样的教学环境中,教师才能拓展学生的创新思维,发展学生的创新能力,让学生对文本进行多角度解读。

二、找准合适的文本切入点,进行有意义地多角度文本阅读

(一)立足文本内容本身,进行多角度阅读

中学语文教材中所选的篇章题材广泛、内容丰富,可谓摇曳多姿。教师在教学时,首先应让学生整体感知文本,在此基础上让学生充分交流对文本内容的理解。

例如沈石溪的《斑羚飞渡》一文,讲的是一群被逼至绝境的斑羚,为了赢得种群的生存机会,用牺牲一半挽救另一半的方法摆脱困境的故事。学生在朗读课文后无不为斑羚的精神所震撼。在接下来的讨论交流环节中,针对文本内容,学生们谈到让自己最震撼的情节,有的学生认为斑羚种群以牺牲老班羚的生命来挽救年轻斑羚,结对子进行飞渡时的场面让自己震撼,有的学生提到了斑羚种群在危难中所表现出来的沉着、镇定、自我牺牲精神令人难忘,还有的学生谈到了镰刀头羊临难从容、舍己精神等。学生们在交流讨论这一环节,畅所欲言,把自己对文本内容的理解充分表达出来。但纵观学生

的发言,都是基于文本内容的基础上进行多角度解读,而不是脱离文本的随意解读,这样就到达了语文课对学生思维训练的目的,让学生们能够进行发散思维,进行有意义的多角度文本阅读。

（二）善于剖析文本主题,进行多角度阅读

对于文本主题的剖析、理解,是语文阅读教学重要的一环。一篇文章的主题,体现出作者的创作意图以及对所要反映的客观事物的基本认识、理解和评价。也可以说是文本鉴赏和阅读教学的最终目标。

让学生能正确理解、概括文本的主题,一方面能锻炼学生的概括能力,提升学生对文本本质的深入理解能力;另一方面,可以让学生通过对文本主题的理解,加强对学生的思想教育,提升学生的道德认知水平,培养学生正确的价值取向。而对文学作品的主题往往由于不同的人看问题的角度不同,会对主题有不同的理解,所以教师可以培养学生从多个角度对文本主题进行解读。

例如《我的叔叔于勒》,有的学生认为这篇文章的主题是反映资本主义社会人与人之间赤裸裸的金钱关系;有的学生从菲利普夫妇的做法,看到生活在社会底层的小人物的生活,认识到小人物的辛酸;还有的学生通过儿童若瑟夫的表现,看到文章表现了儿童纯真的心理以及作者对亲情的珍视等。对文本主题的多角度解读,可促进学生深入理解文本,提高鉴赏能力。

（三）深入理解文本语言,进行多角度阅读

中国的语言文字源远流长,在其长期的历史发展演变过程中,汉语言文字形成了自身独特的内涵,在岁月的长河中越加显示出其博大精深的一面。它生动细腻,表义丰富,具有丰厚的意蕴。同样一句话,不同的人可能有不同的理解。

例如在《爸爸的花儿落了》一文中,结尾句"爸爸的花儿落了,我已不再是小孩子"学生应如何理解?教师可以引导学生概括出这句话既指爸爸的花儿凋谢了,又暗指爱花的爸爸已离开人世,作者已经长大了,不再是小孩了。这样多角度地解读文本信息,可以让学生更加深入地理解文本中语言的精妙之处,体会中国语言文字的深刻意蕴。

(四)精于分析人物形象,进行多角度阅读

在文学作品中,作者所塑造的人物形象是个性化、立体化的,而学生作为具有独立思维的个体,对文学作品中所塑造的人物形象也会有自己的认识与理解,我们不能强求学生只用固有的、完全一致的模式来理解文学作品中立体化的人物形象,应给学生对人物形象的鉴赏提供求异和创新的可能,用辩证的思维理性地看待学生的理解、分析与创新。

如在讲《故乡》这篇文章时,大多数学生在分析杨二嫂这一人物形象时,只看到杨二嫂自私、尖刻、唯利是图的一面,但有的学生就在以上信息的基础上提出了自己更深层的理解:杨二嫂作为生活在社会底层的小人物,她也是当时被压迫的受害者之一,她身上也体现出了社会底层小人物的无奈与辛酸。学生这样的理解文本含义,教师应该及时肯定。

三、引导学生规范地合理地多角度阅读,切实提高阅读能力

任何事情,都有一个限度。超出限度,就可能走向另一个极端。我们提倡学生对文本进行多角度个性化的阅读,是要求学生对教材做合情入理的想象、理解、分析,要能够言之成理。而不是随意地、漫无目的地任意解读,用学生的绝对自由化来取代个性化。如果这样,就脱离了多角度个性化阅读的初衷。不管怎样"多角度"去理解、分析文本,都要有一个界限,一个尺度,一个标准。

因为文本虽然有一定的"留白"和"未定点",同样具有很多明显的"规定性",有一定的理解范围。那么,我们的多角度解读文本必然要在合理的、规定的范围内进行。

正如童庆炳在《文学理论教程》中指出的："阅读接受,一方面是多元的,无限的,存在着审美差异性;另一方面是有限的,有范围的,存在着社会的共通性。"因此,我们对多角度阅读文本要有一定的"规范",要在正确的价值观和解读范围内对学生进行引导,切不可任由学生随心所欲地乱解乱读。

(一)多角度阅读要在充分尊重文本的前提下进行

在阅读教学中,文本是水之源、木之本。尊重文本是有效解读文本的最基本要求。文本是教师进行教学的载体,只有立足文本,尊重文本,与文本真诚对话,才能真正地对文本进行解读。

如讲解《愚公移山》一课时,有学生认为,"挖山既费力又耗时,还不一定能坚持下去,真不如搬家好",还有学生认为"挖山会严重破坏生态环境"。其实,文章的本义并非"移山"或"搬家",而是强调愚公坚定不移的信念和持之以恒的精神。而以上学生的解读就是脱离文本、不尊重文本的解读,是教师在课堂上要避免的。

(二)多角度解读文本要注意对学生正确价值观的引导

众所周知,中学阶段是学生进行高尚灵魂的塑造和未来健全人格定位的最佳时期,是培养学生核心素养的黄金时代。而语文学科作为一门具有人文教化作用的学科,要想对学生实施人文教育就必须让学生树立正确的世界观、人生观、价值观。因此,教师要充分发挥语文学科涵养心灵、陶冶性情的育人功能,注重对文本价值取向的挖掘,注意多角度解读文本与价值取向的统一。

当学生对文本解读偏离文本客观标准时,教师应抓住契机。切不可一味地任由学生随意解读,那样就失去了文本多角度解读的真正意义。所以,教师作为课堂教学的引领者,一定要在正确价值观引导下来培养学生的多角度解读文本能力。只有这样,才能提升学生的人格,提高学生的道德品质修养,让学生学会做事,学会做人。

总之,对文本深入地、多角度地、个性化地解读是真正意义上的阅读,是孕育创造性品质的阅读。我们应该让源泉活水注入语文课堂,让学生真正成为阅读的主人,让阅读真正成为学生个性化的行为,要让学生在多角度解读文本的过程中,发散思维,培养他们的创新精神,发展他们独特的个性,挖掘潜能。塑造学生的人文精神,促进学生语文核心素养的提升,让语文课堂真正成为学生喜欢、热爱的课堂。

第二节　自主学习,提高教学实效

新《课标》积极倡导自主、合作、探究的学习方式。认为"学生是学习和发展的主体"。语文课程必须根据学生身心发展和语文学习的特点,关注学生的个体差异和不同的学习需求,爱护学生的好奇心、求知欲,充分激发学生的主动意识和进取精神,倡导学生自主、合作、探究的学习方式。

自主学习是相对被动学习(机械学习、他主学习)而言的,是在教学条件下学生的高质量、高品质的学习。所有的能有效地促进学生发展的学习,都一定是自主学习。要使学生真正有效的学习,必须让学生感觉到教师、家长的关爱;使他们对正在学习的内容感到好奇、兴趣、富于挑战性,看到成功的机会,并积极地参与到学习过程中;在任务完成后得到及时、适当的反馈;有自由学习的情境与氛围等。语文教学要提高教学效率,就必须最大可能地创设学生自主学习的教学情境。

一、自主学习要重视学生参与的过程

语文课程的性质决定着语文教学以学生为本的新理念、决定着语文教学在于揭示人性的真、善、美,显示人的本质力量的真正价值。因此《语文课程标准》明确指出:"学生是语文学习的主人""学生是学习和发展的主体"。"主体一主人"决定学习语文的过程是自主学习的过程,教师则是"学习活动的组织者和引导者"。

比如,在语文课上,开设"课前五分钟"的语文活动。从周一到周五每节课前的五分钟,依次开设如下栏目:古代诗歌鉴赏、小小演说家、优秀随笔朗诵、小型辩论会、访谈焦点(针对一周的时事热点、焦点来谈学生们最感兴趣的话题)。每个栏目由竞聘的负责人对栏目全权负责。

以"小型辩论会"为例,负责人提前安排好辩论的论题,组织正反方辩论小组,课下组织辩论小组的学生们搜集相关材料,督促做好准备工作,以确保上台辩论的效果。这样做,不仅使学习内容丰富了,还可以开阔学生思维,锻炼学生的综合能力。如锻炼辩论者的口头表达能力、查找资料的能力、搜集资料的能力等,同时也提高了学生的积极性,而此时,教师只负责点拨和欣赏就可以了。

我国著名学者庞维国曾经这样定义自主学习:自主学习是建立在自我意识发展基础之上的"能学";建立在学生具有内在学习动机基础上的"想学";建立在学生掌握一定的学习策略上的"会学";建立在立志努力基础上的"坚持学"。

如在初中三年开展文言文拓展校本课程就充分考虑到学生的学习兴趣,选取了一些内容浅显的文言文作为阅读教材。这些文言文多为古代名人故事或小寓言小故事,内容精彩有趣,篇幅短小,易于学生接受,因此学生表现出极大的学习兴趣与热情,他们不仅"能学",而且"想学"。兴趣是最好的教师,尤其是自主学习,必须激发学生的学习兴趣,唤起学生的求知欲。否则,自主学习的"坚持学"就很难实现。

在语文教学中,教师主要起引导作用,教授阅读方法、阅读技巧,教做笔记的方法,要求学生每读一篇必动笔墨。另外每周还可以安排一节自主交流课。具体方法是:每节课由两个学生准备本周内阅读的文章中的两篇做重点交流,在课堂上学生们或问或答、或读或评、或研讨或辩论,最后几分钟由教师进行解疑和总结。每周一节的自主交流课,从形式上看,完全是学生活动,而活动中却折射出教师教学的水平和学生融会贯通的能力。

二、自主学习要给予学生充分肯定

从心理学角度讲自主学习体现的是激励的作用,教师要鼓励所有的学生能够上台讲课,本身就是对学生学习的肯定。教师的信任就是对学生的激励,而更大的激励来源对学生的认同。这样既锻炼了学生的心理素质,又满足了初中生的自我表现与自我价值的展现,促进他们主动去积极探究、合作与交流,真可谓一箭三雕。

学生的自主学习,主要指改变过去单纯地掌握结论式的学习为探究性学习、反思性学习。教师应放手让学生敢于去尝试错误,因为错误往往是正确的先导。可以说,没有关于错误的认识,显不出认识的正确;没有经过挫折的成功,体会不到成功的快乐。还应让学生在自主的前提下,合作探究、充分交流、相互补充、自己去参与真正获得知识的过程。

对于探究性学习,教师要允许学生选取不同的视角,采取不同的方法,获得不同的结论。由于每个学生的生活经验背景不同,爱好兴趣迥异,气质性格有别,教师应允许暂不作结论,把问题由课内延伸到课外,让学生自己通过查阅资料、上网搜寻、调查访问等方式去寻求解答。

如作文评改课,学生交上来的作文,教师先阅读一遍,对所有学生的文章有个大致印象,再进行初步分类,选出优秀作文及一些精彩语句。上课时学生们按座位自然分组,然后随机下发作文,保证每个小组至少有一篇优秀的文章。

讲评时基本有以下几个环节:一是题目回顾,包括作文要求。二是学生互评。这是整节课的重点部分。根据中考作文评分标准,制定出评分表格,每名学生根据作文情况,给出总评分,并在下面写上友情提示,争取每名学生至少评三本,每本达到三名学生评改,要注明一评二评;再让学生之间进行交流,目的是让他们积极发现别人的优点,评改者与作者直接交流各自的感受,教师也可参与其中;接下来,教师展示精彩语句,并从写作方面予以指导。三是榜上有名,教师要鼓励作文优秀者与进步者。四是教师简评。以肯定鼓励为主,三言两语切中要害。五是佳作亮相。欣赏整篇文章(学生选择或教师推荐)。这种作文讲评活动真正做到了落地,学生们参与的积极性高,效果也很好。

此外,还可以在最后的中考复习冲刺阶段进行学生自主学习。比如古诗文的复习,就完全可以由学生自主解决。学生们分成四个小组,第一组任务是将古诗文分类。按题材分为"爱国""思乡""感伤""咏史""闲适"等几大类。第二组任务是针对中考古诗文默写的新题型设计了包含"风""花""雪""月""山""水""楼""台"等专有名词的诗句组织学生背诵默写。第三组任务是"名句背诵",选取古诗文中的精华语句来背诵。第四组任务是"诗歌鉴赏",即让学生理解古诗文中各句话的意思,进而让学生真正地理解诗歌、鉴赏诗歌。

为了完成任务,学生们个个热情高涨,课下他们带着研究者的眼光来学习,仔细梳理学习内容、精心准备;课上他们以小教师的角度来组织交流,认真完成学习任务。这样的课堂,学生学习的主动态度、课堂活跃的气氛与教师主导的课堂相比,绝对是"有过之而无不及"。

三、自主学习需要教师的精心指导

自主学习交流是一种多向信息交流活动,其优点在于充分地发挥学生的积极性和主观主动性。可是,这也存在困惑:为了自主交流,教师有时让学生自由地争辩讨论,这就使得这种交流方式带有很大的随意性和盲目性,最后变成"放羊式"的交流。

如果教师不能及时引导学生深化思维,最终这种交流方式就会缺乏广度和深度。教师引导的方法主要采用点拨的方法。在课文的关键之处、过渡衔接之处,以及表达的精彩之处,教师要善于"指点迷津""画龙点睛",使学生能举一反三。

自主学习不应该是一种脱离了教师指导的学习,相反,更需要教师的耐心和精心。"授人以鱼不如授人以渔",自主学习方法的指导较之一般的知识传授应是更高质量的、更有深意的教学。

比如,在学生刚入校不久就开始了对学生进行学习习惯的培养和运用工具书方法的指导。无论是现代文拓展还是古诗文拓展,都让学生养成了有问题就查阅工具书的习惯。这一方法的掌握和习惯的养成对学生的自主学习能力的培养至关重要,引导学生进行研究性学习。在对主题明确的现代文进行自主交流时,教师应以一个学习者、引导者的身份加入讨论中去。学生有自己的观点时,教师首先要有明确的态度,再提出自己的看法供学生参考,不能什么问题都是"仁者见仁,智者见智"。教师更不能"顺其自然",要帮助学生设置能力平台,鼓励和引导学生自主提出问题,通过讨论交流解决问题,随时起到掌舵的作用。

其实,自主学习是对教师一个巨大的促进。学生在语文学习过程中可能遇到许多教师预先无法预料的问题,这些问题既给教师带来了新的挑战,又为教师提供了学习机会,可谓教学相长。新课标就要求语文教师角色重新定位。如今,教师不再是课堂上的主宰者,而是组织者、指导者、合作者、竞争者。在新课堂中,师生组成一个学习共同体,教学在平等、和谐的氛围中进行。

自主学习不仅应作为一种学习方式,更应作为一种教育思想。它不应只体现在一堂课或者是一门课的教学上,更要深深植根于我们教学的每一寸土地,着眼于学生的未来发展,重在培养学生自主学习的意识和能力,提高学生学习语文的兴趣,这样中学语文教学就充满生机与活力。

第三节　融合技术，丰富课堂学习

《课标》指出："学生是学习和发展的主体，语文课程必须充分激发学生的主动意识和进取精神……语文教学中，内容的确定、方法的选择、评价方式的设计，都应有助于新型学习方式的形成。"在互联网背景下的语文课堂，是具有时代活力的灵动课堂。信息技术的植入，让初中语文课堂如虎添翼，更有助于实现高效的语文教学。

素质教育下的语文教学更迫切地需要借助信息化技术搭建更高效的语文课堂。课改专家、华东师大崔允𬭳博士说："教学有没有效率，并不是指教师有没有教完内容或教得认真不认真，而是指学生有没有学到什么或学生学得好不好。如果学生不想学或者学习没有收获，即使教师教得很辛苦也是无效教学。同样，如果学生学得很辛苦，但没有得到应有的发展，也是无效或低效教学。"信息化技术拓宽了师生间课堂交流的途径，变革了传统的教学模式，让有限的45分钟可以容纳更多的语文外延知识，进一步丰富学生的学习情感，加强了学习兴趣，逐步实现学生的个性化学习。

从教学策略讲，信息技术与语文课程整合将成为信息技术与学科整合的一个必然的链接亮点、突破口。下面笔者将结合自身的教学实践浅谈互联网时代，信息技术给语文课堂带来的活力。

一、融合技术，拓展语文学习的外延

网络的重要特点是拥有丰富的资源，且具有共享性。教师和学生可以利用网络收集与学习有关的资料与信息，为教与学服务。这就为学生的独立学习提供了充分的条件。

在语文教学中，为了全面深入地理解一篇文章，如何介绍写作背景和作家作品是十分必要的,有了互联网,这项教学工作不再是教师在课堂上枯燥的讲述,学生们可以利用搜索引擎结合所学课文查找搜集到相关的内容。在搜索的过程中,学生们不仅会找到共性的内容,还可以根据自己的兴趣发现更多满足自己渴求的个性化信息。在这个过程中,教师只需要规定必须解决的共性问题,给学生留有自我发挥的空间,培养学生独立思考、独立学习的习惯。

在诗歌教学中,只有了解诗人的个人经历等才能更深刻地了解诗歌的内涵,我把诗人和诗歌背景的介绍这一环节留给了学生,要求他们可以不拘泥于本首诗的时代背景,还要纵观诗人的一生,全面了解诗人的所思所感。

比如在介绍王维、李白和杜甫这几位诗人时,我请学生们来谈为什么称王维为"诗佛",称李白为"诗仙",称杜甫为"诗圣"。学生们完全可以从诗人的经历、诗人的喜好以及诗人的创作风格中找到答案。

再如,讲解《紫藤萝瀑布》这篇课文时,只有了解当时的时代背景,才能体会作者在文中流露的情感,理解作者的遭遇。

学生在查找资料的过程中收获的不仅是丰富的语文知识,还有独立学习的能力。学生借助网络便可以独立完成预习任务,节省了课堂上教师介绍的时间。学生带着已储备的知识进一步学习课文,提升了对文章的理解和认识,也利于教师对文章的深入挖掘。这样一篇课文的知识容量就得到了有效地增加。

二、融合技术,增强语文课堂的趣味

网络教育资源具有集信息于图、文、音、视、动、色为一体,综合表现力强的特性,以新颖性、趣味性、艺术性吸引学生的注意力和好奇心,调动学生多种感官。通过多媒体的声音、图像画面,为学生创设有趣的学习情境,使课堂生动有情趣,在轻松愉快的气氛和美的感受中学习知识,大大调动学生课堂学习的积极性,激发兴趣。

例如《河中石兽》这篇说理性较强,其中包含一定的科学理论,又是一篇文言文,无形中增加了学生对文章理解的难度。为了使学生充分了解课文内容,笔者借助网络上的动画视频,形象地展示了文章中提到的科学依据,变抽象为具体,让学生们一目了然,清晰明确。学生理解后,再让他们分别用课文中的句子和自己的语言表述动画内容,这样又训练了学生的理解和语言表达能力。除此之外,对于小说、戏剧等故事性很强的文体,更适合播放视频辅助教学,让学生更直观地了解课文内容。

一首歌,一幅图画,一段视频,都可以成为创设情景,激发学习兴趣的导入内容,这不仅让课堂变得生动,还能让学生忘却文字的乏味,感受语文阅读的鲜活。

三、融合技术,创新语文学习的方式

交互式电子白板的使用,让学生成为语文课堂的主人,在教师的引领下,学生积极参与,自主学习,实现课堂上的及时反馈。当然这对教师的备课也提出了更高的要求,在设计教学环节时要努力将多媒体恰当地应用到语文教学中,促进高效课堂的生成。

例如在教授《香菱学诗》这一课时,为了检查学生们对课文的预习情况,笔者利用smart软件自带的程序设计了"闯关模式",问题和答案早已设定好,学生们随机抽取问题,回答后会自动显示答案正确与否。学生看到这种类似游戏的教学活动,一下子兴奋了起来,纷纷想要挑战。

又如,在讲授《俗世奇人》时,笔者放手把课堂交给学生,布置好需要讨论解决的难点,让学生站到讲台上利用白板进行"教学",一边讲解,一边在白板上圈点勾画,标出重点。在这种互动式的教学模式中,学生的参与性被充分调动,由被动接受变为主动思考、自主探究,学习的效果大大提升。

此外,微课教学,也为传统的课堂教学提升了效率。例如,作文课需要的时间较长,有些写作的技巧需要学生反复推敲琢磨,在写作中不断尝试实践。

由于语文课的教学时间紧张,笔者便把所要讲的作文专题录成微课,上传到班级学习空间中,作为学生们的学习资源,供学生们做好提前预习,又能反复学习。在课堂上,教师可以就微课所讲内容进行检测,反馈后再解决学生没有弄懂的问题,这样的课堂教学变得更加有针对性也更高效。

各种技术与教学的融入和转变了课堂角色,实现主动化、个性化学习,实现多层次和多目标教学的优点,它既是一个动态的语文知识库,又是一个开放自主学习交流的平台。将技术和语文学科充分融合,会是未来实现语文高效课堂的一条捷径。

第四节 精巧设计,提升核心素养

教学设计既是直接面向受教者的重要教育教学环节,又是核心素养的具体实施层面。语文核心素养承载着立德树人的根本要求。教师要以核心素养为纲,发挥语文学科的优势,转变教育教学观念,重视基础教育阶段语文学科教学设计对立德树人的重要作用,创新教学形式,丰富教学内容,深化教育教学内涵,深入贯彻落实立德树人的根本任务。

语文核心素养承载着立德树人的根本要求,教学设计是核心素养落地的具体环节之一。要落实立德树人的根本任务当以"核心素养"理念为指导,重视教学设计在教学实践方面的重要作用。

行为主义心理学家梅杰(R. Mager)认为,教学设计由三个基本问题组成:一是"我要去哪里",即教学目标的制定;二是"我如何去那里",包括教学内容的确定、教学方法与策略的选择等;三是"我怎么判断我已经到了那里",即教学评价与监控。其实,教学设计就是围绕这些环节展开的,即设计教学目标、选择教学方法与策略、开展教学测量和评价等①。

语文学科的思想性、人文性、内涵性、意蕴性等特点使之在培养学生高尚的道德情操、健康的身心素质、良好的审美情趣、深厚的文化底蕴方面具有优势，因此，要贯彻落实"立德树人"的根本任务，不可忽视语文学科的作用。教学设计是直接面向学生的，教学设计的导向性、新颖性、可操作性、效能性对学生对知识、思想文化的接受、运用和内化起着至关重要的作用。尤其在基础教育阶段，发挥语文学科的优势，改进语文学科教学设计，在实际教学环节中落实"核心素养"是值得探索的问题。

一、核心素养与教学目标的制定

（一）基于核心素养，改进教学目标制定的重要性和必要性

教材是教学的重要凭据，在教学改革不断推进的过程中，初中语文教材进行了重新修订，这也使得现下的中学语文课本，内容更加丰富、体裁更加多样。因此在培养学生语文核心素养的过程中，教师要充分利用语文教材，落实教材基本要求，挖掘教材之中隐藏的信息和内容，从而凭借教材培养学生的语文能力，促使学生的语文核心素养得到更好的发展。②

面对重新修订的教材文本，教师在教学目标的设计上要植入立德树人的根本要求，基于核心素养的理念，注重学生、教师、文本的三维立体互动，运用教材、挖掘教材、放射教材，依托教材将语言的建构和运用，思维的发展和提升，审美的鉴赏和创造，文化的理解和传承内化在教学过程的始终，发挥语文学科优长，使学生在学习过程中获得知识水平、思维能力、道德素养的提升。

千里之行，始于足下。要想实现这些，首先要制定好教学目标。所谓"纲举目张"，教学目标即"纲"；明确立足点，才能站得高，看得远。

---

① 夏凤琴、姜淑梅：《教育心理学》，清华大学出版社，2017，第273页。
② 毛新疆：《初中生语文核心素养培养策略》，《中学教学参考》2019年第3期。

(二)基于核心素养,教学目标制定的原则和方式

基于核心素养,在制定教学目标时,教师应注重统筹性、整体性、差异性、可操作性、富于创见性和拓展性的原则设定教学目标。

1. 注重统筹性

部编教材(由中华人民共和国教育部组织编写)沿用了人教版(由人民教育出版社出版的教材版本)的体例,每一单元的课文都有一个主题,围绕主题进行文本选择,注重汉语言知识、人文主题、中国元素、社会主义核心价值观的融入。

在制定教学目标时,要注意对本单元课文整体思想情感、能力训练的把握,注意课文间知识要点的联系。

以八年级上册第一单元为例。本单元是新闻单元,主题是"变化着的社会"。五篇文章围绕新闻文体在知识点上各有侧重,在思想情感上都有着引导学生关注国家大事的一致性。

第一课是"消息",编者选择了解放战争时期,毛泽东主席撰写的两则消息;第二课"首届诺贝尔奖的颁发",侧重在让学生了解"倒金字塔式"的消息结构上;第三课是体育新闻特写,报道了跳水姑娘吕伟夺魁的事件;第四课是新闻通讯,报道了我国航母舰载战斗机首架次成功着舰的事件;第五课是围绕国家公祭日的新闻评论。

基于本单元课文的整体特点,在教学目标制定上,首先要明确文体特点,让学生对新闻的整体风格和写作形式有直观的感知,增强不同新闻形式特点区分度的了解和辨别;统筹规划教学目标,不孤立每一篇课文,这也为今后组织学生开展新闻采访和新闻写作实践做好铺垫。

五篇课文在内容的选择上隐含着引导学生要关注国家大事,关注社会生活中有意义的事件的导向。当今社会网络飞速发展,网上的信息鱼龙混杂,充斥着不少庸俗的、负能量的内容,不利于青少年的思想建设。本单元选取

的新闻内容,从国内到国际,从历史到当今,旨在引导学生热爱祖国,增强国家自豪感,要立志守护和平,报效祖国。第二课虽是"首届诺贝尔奖的颁发",这使我们不禁想到我们国家获得诺贝尔奖的作家莫言、科学家屠呦呦,以他们为榜样激励青年学生努力奋进,为人类做出自己的贡献。

因此,在教学目标的制定上,应将五篇课文的导学力量做加法、乘法,这不仅是思想教育的目标,更为学生在生活中优选新闻阅读素材做好引导。

2. 注重整体性和差异性

首先,这里的整体性和差异性是基于学生主体性特点而言。整体性和差异性是相辅相成的。教学目标的制定要关注到所有学生对知识的理解掌握程度,同时也要关注到不同层次的学生对知识接受和运用程度的不同。在教学目标制定时,要兼顾到学生的目标达成度,不能只是教师的一厢情愿。

其次,对于八年级上册的新闻单元,教师要考量"提高新闻写作的兴趣,学会新闻写作"这一教学目标有多少学生能达到基本水平,有多少学生能达到优秀水平,又有多少学生能够坚持完成这一目标。这当然和教学评价、监控有关系,但在目标制定时教师就要优先考虑到这些因素。也就是说,在目标制定时,就要考虑到教学层次、教学梯度、教学适用度,不是仅仅抛出一个空泛的理想。

3. 可操作性、富于创见性和拓展性

如果教学制定了"完成新闻采访"的目标,那么教师有没有条件带领学生进行校内外实地采访? 如果没有,那么这样的教学目标就是空中楼阁,不具备可操作性。制定教学目标不能是空洞的、理想化的,要通过师生间的互动和教学实践能在适宜的时空范围内达成目标,以此为基础才能谈到教学效果。

教学目标的设定要益于教学过程的开展、教学策略的创新,要益于学生接受、理解、消化知识,并在此基础上逐步实现语言的运用,思维的提升,审美

的创造,文化的传承。教学目标的设定应为教师反思教学、学生继续学习预留空间,便于教学智慧的提升和学生思维方式的发散,应富于创见性和拓展性。

例如《渔家傲·天接云涛连晓雾》教学目标的设计。学生在了解作者、理解内容、感悟情感、领会主旨、诵读默写等教学目标之余,还应关注到这是婉约派女词人李清照的一首豪放词,"对作品风格的感悟"也应进入教学目标中,并在教学过程中通过比较阅读付诸实践,为今后学生诵读学习李清照其他作品打下基础。教师应让教学目标引领的教学过程富有延展性,这样才有助于学生进行自主学习,将"增强学生对古典诗词的热爱"列入教学目标中;通过教师的有意引导,让学生的审美能力、鉴赏能力、创造能力以及文化理解能力贯穿课内外教学的始终。

二、基于核心素养的教学方法与策略

教学方法与策略关系到教学过程的实际操控层面,关系到教师、学生、文本三维互动的具体运行,既抽象又具象。

基于核心素养的教学方法与策略应在以往经验的基础上,立足新教材情感态度价值观本位,通过创新性的方法与策略,将语言的学习运用、审美能力的提升、文化的传承潜移默化地渗透在教学步骤中,激发学生学习兴趣,提高学生自主、合作、探究学习的能力,经过课堂 45 分钟,让学生学有感悟,学有收获,学而有提高。

在七年级上册《诫子书》的教学过程中,教师通过小组互读、寻找对称句、为文章添加句读、划分朗读节奏等形式辅助学生更好地进行当堂诵读;在朗读理解的基础上,通过"模拟蜀汉集团专场招聘会"来解读文章内涵,学生们扮演诸葛亮的小助理,帮助诸葛亮完成"人才素质辞典"的编写。

这一教学环节采用了创设情境的方式,并依赖课前创设情境对学生进行"反思行为调查",学生列出了"边玩边写作业、作业本只用正面不用反面、学习动力是父母的压力,缺乏明确的目标"等自身的问题;课上对应《诫子书》中内容,教师为学生这些行为改进命名"定义词",学生参照自身的问题,自然而然地就能说出宁静、节俭、惜时等课文中提出的修身做人的准则,进而引出了对核心素养"静"的理解,从而在语文课堂上对学生进行了品德教育。而后展开了"家风故事会",让学生畅所欲言,分享好的家风故事,通过这种活动形式,深化了学生对文章主旨的理解,弘扬了社会主义核心价值观。

基于核心素养的教学方法与策略应立足高远,以立德树人的根本任务为准则,将这一核心贯彻在教学过程始终。这样的教学设计是有的放矢的,教学方法的制定更有韧性,教学策略的选择更有弹性,课堂教学更有活性。基于核心素养的教学方法与策略应避免简单枯燥地灌输,教师应在润物无声中激发学生学习兴趣、培养学生学习能力,引导学生感悟中国传统文化的魅力。

三、基于核心素养的作业设计

作业是课堂教学落地的重要环节,是教学效果评价的一种载体,是学生学习习惯养成、学习知识巩固的重要形式,也是教学目标延展性的明确表征。因此,有效的作业设计对教师和学生来说是一项重要的内容。

基于核心素养的作业设计应改变以往重复、机械性作业过多的问题,不偏离教学目标,不脱离教学实际,使作业不仅是师生间关于教学问题交流的平台,更成为教与学互动的媒介。教师对作业的设计和安排应更具开放性和创造性,应该适合青少年身心发展特点,满足青少年兴趣发展需要,减负不减质,实现课后学习的高效率。

例如,在课堂上,学生学习诗词之后,教师应引导学生展开想象和联想,布置补写诗词的故事情节、拓展场面描写等小练笔式的作业,通过这种作业形式加深学生对诗词内容的理解和对诗歌语言风格的把握,从而深化教学内容,提高学生诗词鉴赏能力,增进学生对中国传统文化的热爱。

在设计此类作业时要注意整体性和差异性兼顾,注意学生学习能力和对知识接受程度的差异;有时,豪放风格的诗词更适合男学生,婉约风格的作品可能更适合女学生。在实际操作中,可以采用分层设计作业、合作出题、奖励性兴趣作业等创新形式,落实课后知识巩固、学生能力素养提升的目标。

语文核心素养基于语文教学实践本身,承载着立德树人根本任务的具体要求,需要教师在深入理解内涵的基础上,立足基础教育实践的现实,贯彻落实到位。这也要求教师在与教学关系最密切的教学设计环节要改变以往以考试为指挥棒,对学生进行填鸭式、烙饼式的教学方式,明确授课目标,采用灵活方式,关注教学效能,让教学过程的各个要素、各个环节形成立体的良性互动,在潜移默化中将语文核心素养的内容植根于受教者心中,落实"立德树人"根本任务。

第五节 有效延伸,重在方法落实

阅读教学在初中语文课程整体教学过程中占有非常大的比重,阅读教学的成功与否会直接对学生的语文学习产生至关重要的影响。初中语文的阅读教学除了要对教材内容进行详细解读之外,还需要在理解文本的基础上进行适当的合理的拓展延伸阅读教学,使学生在拓展知识面的同时,更进一步提高学生的文学欣赏能力和思维创造能力。基于此,本文将对初中语文阅读教学过程中的文本拓展延伸进行探究,希望能够对今后的教学提供借鉴。

拓展延伸在语文课堂阅读教学中占有非常重要的地位,但以往的语文阅读教学往往只把重点放在分析文本结构和理解主题思想上,而忽略了对文本有关内容的拓展与延伸,这样往往使学生陷入"只见树木,不见森林"的思维定式,阻碍了学生创新思维的发展。因此,在新课程改革的理念下,教师在立足文本的基础上,精心挑选,由此及彼,合理拓展延伸,发挥学生的主观能动性,有效拓展学生的阅读能力与水平,从而不断提高学生的语文学科素养。

一、文本拓展延伸的一般原则

语文学科与其他学科有一定区别,它涉及的知识面非常广,这就为学生在一边学习语文知识的时候一边可以充分挖掘自己的潜能、发挥自己的主观能动性提供了可能,而课本中的文本内容很难满足学生的发展需要。所以,在语文学科进行阅读教学时拓展延伸相关的内容是非常必要的,但也不能做无限制的延伸,初中语文阅读教学的拓展延伸必须遵循一定的原则。

1.从文本本身出发,不能脱离文本

语文阅读教学拓展延伸的立足点是教材中的文本。教师对阅读文本进行拓展延伸时一定要立足文本本身,不能为了延伸而延伸。如果条件允许,可在文本本身的基础上拓展一些相关的课外知识与内容;如果不允许,则不要进行无用的延伸。延伸的内容过多,容易导致学生理解起来难度加大,占用了大量的时间,难以收到理想的效果。

2.找准延伸时机进行延伸

尽管阅读教学并没有对延伸的时机做具体要求,语文教师在延伸的过程中确实可以根据自身的主观臆断进行延伸,但是并不意味所有文本都需要延伸。有些文本本来就包含丰富多彩的内容,再延伸则没有必要,有些文本在延伸的时候需要考虑到学生能够能接受和消化。

二、阅读教学中文本拓展延伸的有效方法

1.在学习遇到困难处拓展延伸,推动"文本理解"

囿于年龄、认知、阅历、积淀等各方面原因,学生在理解文本时或多或少会遇到一些困难。所以教师备课时要俯下身来从学生的角度来理解文本,预估到学生理解文本时可能遇到的困难。在课堂阅读实际教学中进行适时适度的文本延伸拓展,帮助学生最终达到自我解惑的目的。

特别是语文阅读中的文言文和古代诗词作品这一部分，与学生在时空上产生了很大的距离，学生在了解大意、理解意境、把握情感上比较困难。这时就需要教师适时适度地为学生提供相关的拓展延伸资料，帮助学生理解文本的相关内容，消释了学生的阅读障碍，顿悟了作者字里行间表达的情感，他们能更好更准确地解读文本。

例如《范进中举》一课，教师可以补充中国古代科举考试的内容，这样可以帮助学生理解古代科举考试制度带给当时的读书人精神上的扭曲和行为上的变形，以及在这种制度下的世态炎凉。

在教学《陋室铭》的时候，课文中"谈笑有鸿儒，往来无白丁"，学生根据注解，理解了"白丁"的意思为"平民"，这里指"没有什么学问的人"。但是，为什么称"平民"为"白丁"呢？这里教师就需要拓展延伸这个知识点。原来，在古代等级社会中，平民是用白色的，服饰是一个人身份地位的外在标志。任何等级不得使用等级外的服装颜色。如此拓展延伸，不但可以释疑解惑，同时还能帮助学生领会"往来无白丁"的刘禹锡高雅的情趣，并有意识地使学生积累古代文化常识。

2.在矛盾冲突时有效拓展延伸，推动文本理解

学生在文本理解中出现的矛盾冲突往往是宝贵的教学资源，教师要善于抓住矛盾，帮助学生理解文本。这里所说的矛盾冲突分为两方面：一是由于学生看待某一事物的观念与文本的观点存在差异。学生在文本解读时，容易产生观点上的冲突；二是因为学生个体之间的差异，在阅读同一文本时会出现差异，甚至引发学生与学生之间思维上的冲突与交锋。

因此教师在备课时要提前把握到文本解读时会出现的矛盾与冲突，阅读教学中在这一处适度进行拓展延伸文本，帮助学生处理矛盾。

例如在《石壕吏》的教学中，学生都认为杜甫同情老妇的遭遇，但面对"有吏夜捉人"，他为什么沉默，没有站出来，如何看待这二者的矛盾。教师在课上可以适时补充一些杜甫忧国忧民的诗句，学生自然就会想到杜甫是一位心

系百姓、心系国家的诗人。在学生解读文本有困难的时候,教师适时拓展文本,那么拓展与延伸的作用就凸显出来了。

3.在情感升华时拓展延伸,推动文本解读

语文教材中的文本字里行间流露出作者的思想感情,可是也有很多作品,停留在阅读文本,很难让学生充分感受到作品流露出的情感。这时有必要借助文本拓展与延伸,使学生对文本的情感体验深刻丰满起来。

《天净沙·秋思》一课中,诗人置身在这满目苍凉的秋色中,仅仅表达了他的那份思念家乡之情吗? 此时助读资料:马致远的生平,马致远(约1250－1321或1324),字千里,号东篱,元代戏曲作家。《汉宫秋》是其代表作。年轻时热衷功名,有"佐国心,拿云手"的政治抱负。但他生活的元代,是一个由少数民族(蒙古族)建立并统治全国的封建王朝,汉人是没有任何地位的。在经过了"二十年漂泊生涯"之后,他看透了人生,遂有退隐的念头,晚年过着闲适的生活。从中学生体验到诗人的思绪万千:人生的失意、落寞的心态、现实的不满、漂泊的孤独、怀才不遇的愤懑、人生的无奈、对际遇的感慨……

如讲《斑羚飞渡》时,学生对斑羚的壮举感动,对猎杀者愤慨时,笔者的教学设计:"学生们,你想对猎杀者说些什么? 对斑羚说些什么? 请以书信的形式写出自己的心声。"这样学生把自己对动物和猎杀者的感情通过书信的形式表达出来,这不仅是与文本对话,更是与生命价值的对话,学生的言语和精神世界又有了一次升华。

三、阅读教学中,拓展延伸研究的实践和意义

语文学科文本的研究一直是语文教学的重点和难点,对文本的研究和拓展应该本着什么样的原则和方法,达到怎样的教学目的和效果一直众说纷纭、莫衷一是。在教学实践中,教师存在一种误区要么从内容解读,要么从形式分析,这样的文本研究很难领略文章的精微之妙,而且可能差之毫厘,失之千里。

阅读教学中,拓展延伸的实践——以《兰亭集序》为例。

（一）突破界限，多维联系

《兰亭集序》在人教版必修二第三单元，这是一篇山水游记类散文。在讲授这篇散文时，要是从历史的角度阐述文学的审美情感价值，就混淆了历史的实用价值和文学的审美价值；有时在句法、修辞等方面下功夫，满足知识性的阐释，但这种句法、修辞的特点不是孤立的，而是与文章的体裁（形式）紧密相关。《兰亭集序》与其他类似的名篇根本区别在何处，这就需要以比较为基点突破文类界限、单元界限、学段界限多维联系。

要想突破文类界限思考，就要求学生先从文体的区别中思考这类散文的文体特征，如《小石潭记》《醉翁亭记》《与朱元思书》《答谢中书书》《三峡》《陋室铭》《滕王阁序》《赤壁赋》《归去来兮辞》等，书、记、序为个人与个人之间的交流是相对自由的文体，有抒情的成分是必然的，铭、注则具有政治性和公文性，辞、赋则是更具有文学性和抒情性。突破单元界限、学段界限多维联系是在对自然景物的描绘和比较中区分倾注的作者个人的情感和志趣。

兰亭集会也有自然景物的描绘，景中寓乐主要体现在以下几个方面：良辰、美景、赏心、乐事。良辰如暮春之初、修禊事也、是日也天朗气清惠风和畅；美景如此地有崇山峻岭，茂林修竹，又有清流激湍映带左右；赏心如仰观宇宙之大，俯察品类之盛。所以游目骋怀，极视听之娱。乐事流觞曲水，列坐其次，一觞一咏亦足以畅叙幽情。

"良辰、美景、赏心、乐事"四美俱，更加上"群贤毕至，少长咸集"，参加的人个个聪慧多才颇具文人墨客的雅趣和情怀，一群志同道合的人聚集在一起，亲近自然，尽情地欣赏领略自然美景，娱情山水，陶醉于美妙的自然景致中，品味山水带给他们精神的愉悦，尤其是在如此清幽静寂的自然环境中化去心中的郁结，消释内心的烦恼和忧虑，达到澄明的境界，自由地观察、思考，满足人们目见耳闻的需求给人带来无穷的逸趣；聚会时的活动雅洁有趣：饮酒和赋诗。曲水流觞，一觞一咏，以如此文雅的游乐形式来抒发自我的雅怀，所有这些都极富诗情画意，在这场宴会之上，没有轻歌曼舞，没有繁管急弦，只有观景赏景谈玄说理和饮酒赋诗,可以说这是一次高雅的精神盛宴,这是在优美的自然与人文环境中获得的审美的愉悦,确实是"信可乐也"。作者在文中抒发的情感和寄寓的旨趣和其他的山水名篇表面没有本质的区别。

(二)立足文本、精细研读

如果对《兰亭集序》的理解停留在这样一层含义,我们还只是理解了表面,还须还原的方法发现本文的幽微矛盾。本文的矛盾的一方面是"信可乐也",这个"乐"的特点就在于"游目骋怀,足以极视听之娱",就是让感官最大限度地享受大自然的美好。他的"乐",不限于此时此地,乐到忘记时间的流逝,"不知老之将至"的程度。这种"乐"不是来自物质,不是来自音乐,而是来自对人生命的宏观体悟,这里蕴含着对不同个性的包容,表面上人的志趣、爱好各异"或取诸怀抱,悟言一室之内;或因寄所托,放浪形骸之外",这是两类人生的态度:一种是倦于涉猎者,务清谈,谈玄悟道,每天高朋满座几个志同道合者不务世事,沉迷于自己的精神世界,展现一种超脱的姿态;一种人是旷达不拘者,以自己迥异的行为展现自己表面洒脱的个性。

如竹林七贤中的刘伶,虽家庭贫困,他却不以为然,反而嗜酒如命,经常乘鹿车,手里抱一壶酒命仆人提着锄头跟在车子后面跑并说道:"如果我醉死了,便就地把我埋葬了。"这种行为方式展现了刘伶洒脱的个性,两种情形表面各异,但是作者恰恰认为这两种人生的态度本质是相同的:沉湎于自己喜欢的事物(或清谈悟道或归隐山林或放浪形骸)快然自足。

矛盾的另一个方面是"夫天地者,万物之逆旅也;光阴者,百代之过客也",在无情的光阴面前,人世中的一切都是匆匆过客,这次盛会亦是如此,"夫人之相与,俯仰一世",一抬头,一低头人生很快便度过,人生短暂。一味地享受和暂时的满足而忽略了时光的流逝,等你醒悟之时已是暮年将至;兴尽之时世事沧桑物是人非情随事迁,徒留无尽的感慨存乎胸中,这怎能不让人黯然神伤,怎能不令作者痛惜呢,倏忽之间原来活生生的事物就要归于灭亡,成为历史的陈迹,怎能不让人有所感慨,更重要的是生命之长短之存灭不是人主观所能左右的,它取决于自然造化,但最终归于消亡,在时光的历史长河中,个体生命在历史的规律面前是如此的渺小和脆弱,这是作者感叹喜爱的、美好的都如过往的云烟飘散而去,作者此刻引用古训"死生亦大矣"并慨叹"岂不痛哉",这是对曲终人散、盛筵难再、人生短暂、变化无常的无限痛惜之情。由此可以看出此痛是作者面对时光的无限感慨:一痛盛筵难再,人生短暂;二痛时人沉溺所爱忘却时光徒留感慨;三痛欣化陈迹、生归造化。"终期于尽""岂不痛哉"是意脉的第二个环节。

(三)理顺逻辑、完善思考

如果我们对文本的理解停留在前两个意脉的逻辑联系,文本的拓展仍然落于窠臼,关键还在于对两个节点对立而统一,交织乐与痛、生与死的矛盾思考。王羲之并不想回避这一矛盾,站在时间的高度来俯视,发出自己独特的理解:三重悲。

一悲:涉猎先贤的诗文时,时时感到"兴感之由,若合一契"古人对死生的感慨,"我"亦深有同感,死生亦大矣。二悲:今人一死生,齐彭殇的虚妄:士大夫们意志消沉不思进取、崇尚虚无。三悲:后人叩问今人,作者推测未来人和今人感叹古人一样,也会临今人之文二感慨万千。言吾已杳无踪影,犹如今日之古人杳无踪影。

三者虽世殊事异,所以兴怀、其致一也。为何兴怀,为人的生命的短暂,为人的生命的变化无常,为人最终不可避免的命运,其情致相同。此时,古人、今人、后人同悲,真可谓千古同悲。此悲已经不是我个体的一时一事之痛,悲已成为对生命本质的悲叹。痛的是人生短暂,沉浸于所爱,时光变迁,感慨系之,是为当时士大夫务清淡、鲜实效,一死生而齐彭殇,无经济大略,故触景兴怀,俯仰若有余痛的痛。悲的是人生代代相痛,永无休止。这是人类的普遍之悲,是面对人类最终命运时的一声苍凉的悲叹。这是作者为揭示的生命的乐与悲的永恒的矛盾,这也是文章的第三个层次,是意脉的高潮,其特点既有哲理性的概括,又有情感的抒发,可谓情理交融。

总之,以比较和还原为基点,透过文章表面的逻辑,深究其内在的意脉轨迹,我们可以看出其行为转落层次,语简而无泛设:叙聚会之乐事—引发个体无限之痛—升华普遍的人类之悲,这是《兰亭集序》能够引起共鸣的关键。在一悲一痛中,作者在暗示我们:死是最终的宿命,怎样生却是我们可以主宰的,即我们无法延长生命的长度,改变其运行的速度,于是我们就设法增加它的密度,这又何尝不是一种积极地人生态度;作者展现的诗酒人生的洒脱生活态度是对生的另一种阐释,又何尝不是对名士们崇尚老庄、大谈玄理、不务实际、思想虚无的一种积极地反抗。从中也读懂"死生"二字的含义。正如古文观止评价所说:"兰亭集序"通篇着眼于"死生"二字,这也是王羲之"消极其表,执着其里"人生态度,也是他对抗人生虚无执着努力的最好印证。这也是《兰亭集序》的魅力所在。

阅读教学中,实施有效的拓展延伸,让学生的阅读兴趣变浓厚了,课堂上的文化氛围变浓烈了,同时学生的写作水平与阅读能力也在提高,更重要的是教师对这一问题的研究可以在研读文本时找到阅读教育拓展延伸的方向,也能找到全新的研究视角。最直接的益处就是促使教师精读文本,并且有意识地扩大自己的阅读量。余映潮教师曾指出,备一篇课文至少要有三万字的阅读量,如此巨大的阅读量从何而来,我们觉得通过这一研究,可以找到方向。以文本的文化背景为范围,师生去阅读相同题材,表现相同文化意识的文章,可以更深入理解文本的内涵,挖掘出更深的内容与精神。同时对这一问题的研究与实践,也帮助教师在备课前多想一些问题,特别是在研读文本时多了一些思考。在每次备课前教师多思考探究这篇课文的文化元素在哪里? 与之相似的文章有哪些? 与之相关的文化现象是什么? 学生可以接受什么程度? 多一些思考,就多了一些钻研,这为教师的备课提供了许多崭新的视角与理念,也帮助教师发现了阅读教学中新的切入点。

总而言之,初中语文阅读教学不能只是局限于本文知识,有些时候仅仅靠文本知识很难收到理想的教学效果。所以,语文教师一定要根据一定的原则,对文本知识进行拓展延伸,在丰富学生知识面的同时,也促进学生的综合发展。

第二章　古诗文教学的探索

　　语文教材中收录的优秀古诗文对学生的发展有着至关重要的影响。初中阶段是学生世界观、人生观和价值观形成的重要时期,也是学生提升核心素养的关键时期,学习古诗文正是提升其能力素养的重要途径。聚焦古诗文教学,运用适当的教学方法,引导学生在古诗文的高效学习中汲取中国传统文化的营养,不仅有利于学生继承和发扬中国优秀传统文化、加深人文积淀、培养人文情怀,同时也有利于学生正确认识和对待人生。

第一节　古诗文教学与中国传统文化

　　中华文化意蕴丰富,我们耳熟能详的古诗文名句是展现鲜明民族特色的思想理念的重要途径之一。不论是"天行健,君子以自强不息""天下兴亡,匹夫有责",还是"修其心治其身,而后可以为政于天下""正心以为本,修身以为基"抑或是"见善则迁,有过则改""爱子,教之以义方"等,都能从修身齐家治国平天下的方面展现这些古诗文在历史上和在当今社会永不褪色的价值观。这对于初中生更是一个很好的教育切入点和重点,根据古诗文的特点选择合适的教学方法,利用古诗文的教学过程把这些优秀传统文化中的营养汲取和升华,实现文化熏陶的作用,进而提升学生的人文素养。

一、初中语文古诗文教学的重要性

我国古诗文的历史源远流长、内涵丰富、回味古今,古诗文的魅力为人所称道。初中阶段语文教学中,古诗文作为其中重要的部分,对学生的语文素养以及文化智力水平发展都起到积极作用,对培养民族精神发挥重要作用。

中华文化包含着中华民族几千年来的精神追求,体现着中华民族的精神基因,也是中华民族的精神标志。初中阶段的语文教材中选编了多首文质兼美的古诗文,是语文教学的重要内容,由于年代的久远和表达方式的改变,初中生往往在古诗文的学习中有或多或少的陌生感和畏难情绪,得分率也普遍偏低,打击了学生对古诗文的学习兴趣,易使学生对阅读古诗文产生抵触和厌恶情绪。这要求教师在教学过程中要深化阅读、激发学生学习古诗词的兴趣,引导学生感悟诗文意境,同时注重个性化解读,丰富学生在学习时的情感体验。

古诗词有其独特的韵律化、语言凝练化、对象的意象化以及情志的意境化特点;古文又大多具有骈散相间的语言、文以载道的责任,因此古诗文的教学内容相比现代诗文更为繁复,当中所蕴含的中国传统文化和中华民族的精神都是值得给学生挖掘和展开的。

当前,为提高学生的得分率,教师往往将主要教学目标设定在古诗文和书下注释的背诵以及古代汉语的知识积累,缺乏对古人的情感沟通,取而代之的是揣测考试出题的方向、要求学生背诵诗文主旨和情感的标准答案以及诗句理解的答题模板,这禁锢了学生的思维,难以打开学生的想象力、开发学生的共情力,故而学生也就很难充分感悟到其背后所隐含的传统文化内涵。

欣赏文学作品,需要有自己的情感体验,教师应引领学生初步领悟作品的内涵,从中获得对自然、社会、人生的有益启示。发挥古诗文的教化功能,在教学中时刻挖掘中国传统文化的闪光点,需要每位语文教师引起重视和深入研究。

二、初中古诗文教学中对传统文化的继承

在初中语文的教学过程中对学生进行传统文化的解读和熏陶,是继承传统的文化重要途径之一。从初中语文教材中选编的课文数量来看,古诗文具有相当大的比重。

由以人民教育出版社 2016 年版的七年级上册教材为例,十六篇必读篇目中有六篇古诗文方面的课文,每个单元均设置了一篇,在整本教材中所占比例将近百分之四十。除此之外还涉及了八首课外古诗词诵读篇目。从教材选目来看,第一单元的《古代诗歌四首》中,曹操的《观沧海》带领学生初步感受建安风骨的慷慨;李白的《闻王昌龄左迁龙标遥有此寄》为学生展现了暮春时节杨花明月中对友人的牵念;王湾的《次北固山下》则展现时光流逝中殷切的思乡之情;马致远的元曲《天净沙·秋思》更是让学生体会悲凉秋意下断肠的思乡之痛。

四首诗歌年代不同、体裁各异,表达的情感也是丰富多彩的,学生在学习过程中体会四言、五言、七言的韵味,熟悉凯旋壮志、怀友思乡等古诗中常见的题材,学会感受古人对胜利的雄心、对友人的深情、对故乡的依赖,理解那个时代的欢笑和痛苦,真正走进诗人的内心,走进中华民族深沉含蓄的情感世界,对心灵进行滋润和净化,丰富他们的情感体验,从而激发对中华优秀传统文化的热爱。

这些有助于学生锻炼其想象力和表现力,并提高审美鉴赏的能力,实现"德育""智育"和"美育"的教育目的。孔子云:"诗可以兴,可以观,可以群,可以怨。"叶嘉莹先生也一直坚信中国传统的"诗教"作用,诗可以"正得失,动天地,感鬼神",尽管初中的学生年纪尚小,在小学阶段也很少接触古诗文,但不能因此低估学生的接受能力,只要用正确的教学方式的引导,学生就会对诗文有最本真的认识,被融进中华民族血液中的精神和文明所感动。

又如《世说新语》二则,《咏雪》篇除却"白雪纷纷何所似"的宾语前置,

除却"左将军王凝之妻也"的判断句式,教师能引领学生体会的还有"寒雪日内集"的家庭文化,还有"忽如一夜春风来,千树万树梨花开""千山鸟飞绝,万径人踪灭""千里冰封,万里雪飘"等历代文人对雪的描写和感悟,更有古人对自然的敏感和闲情逸致,以及中国人"天人合一"的思想、千百年来与自然和谐共生的理念,这也是当今建设社会主义生态文明的思想根源。《陈太丘与友期行》篇中,对诚信的追求不仅让元方这一方正的孩童形象走进学生内心,同时也激励学生在自己的人生道路中以诚为本。诚信作为中华民族的传统美德,季布一诺、曾子杀猪、商鞅立木等历史故事流传至今。妻债夫还、无怨无悔的李郁林,不卖假药、良心不泯的刘成才,拾人巨款、即还不贪的郑仁东,坚持挖渠、当代愚公黄大发等人物,也是当代社会中的诚信楷模。我们身边的榜样,继承了诚信的传统,为社会增添正能量,教师更会让学生感受到诚信这一品质的当代价值,传统美德值得每个学生继承和发扬。

再如《诫子书》一课,诸葛亮从治学和修身方面对后代提出寄望。"静以修身,俭以养德"的家训直至今日仍被我们广泛使用。中国古人对修身养性、淡泊明志的追求,不以物喜不以己悲的胸怀等,同样是当代中国人需要养成的精神。追求幸福不仅是物质上的享受,更是精神上的安宁。飞速发展的现代社会,初中生所接触的家庭生活和网络内容已初步让他们感受到了物质欲望与精神追求的矛盾,中国古代的辩证法主张中庸平和,避免极端和片面,实际上也是人的生存之道。诸葛亮的诫子之言在今天仍有利于培养初中生正确的三观,端正今后人生道路的奋进心态。

扎根历史、立足当代、指向未来,是全面建设社会主义现代化国家时推进经济、政治、文化等领域的要求,同时也是语文教师在古诗文教学中需要践行的理念。主动与传统文化接轨,从丰厚的历史文化和民族精神中寻求智慧和力量,启迪人生。

三、古诗文在今天的永久生命力

古诗文在先进文学作品中的广泛应用可以帮助我们更好地表达和传递情感。古诗文在今天仍具有强大的生命力。

当我们劝勉惜时时，会说"及时当勉励，岁月不待人"；当我们督促学习时，会说"少壮不努力，老大徒伤悲"；当我们立志时，会想到"长风破浪会有时，直挂云帆济沧海"；当我们勇敢时，会想到"捐躯赴国难，视死忽如归"；当我们失意时，可以劝慰自己"天生我材必有用，千金散尽还复来"；当春天来临，我们吟咏"竹外桃花三两枝，春江水暖鸭先知"；当夏季午后睡眼蒙胧时，我们能想到"梅子留酸软齿牙，芭蕉分绿与窗纱"；秋天的傍晚，我们可以对着夕阳余晖吟诵"落霞与孤鹜齐飞，秋水共长天一色"；寒冬喜迎新年时，我们能够想到"千门万户瞳瞳日，总把新桃换旧符"。学习古诗文让中国的传统文化在血液里奔腾、在思想中升华，引领我们走向更远的民族发展道路。

我们的民族想要复兴，首先要对我国的语言文化有充分的理解和认同。民族的语言即民族的精神，也体现着民族的思维方式：如《劝学》借比喻论证，《师说》重类比论证，都体现了感性的民族思维方式。古诗文更传达着中国古代仁人贤士的情意与思想：《爱莲说》中的高洁、《湖心亭看雪》中的痴情，都包含丰富的情感和值得追念的精神。

笔者认为古诗文的教学应是一个文化传承的过程，教育一旦失去文化，只剩下知识的位移、技能的训练和应试的准备。因此，学习古诗文，最终的落点是文化的传承与反思，正如《课标》中明确指出："学习中国古代优秀作品，体会其中蕴涵的中华民族精神，为形成一定的传统文化底蕴奠定基础。学习从历史发展的角度理解古代作品的内容价值，从中汲取民族智慧。"

中国历史悠久的灿烂文化，要求我们在古诗词的教学上不能流于表面，应将"文言""文章""文学""文化"一体四面充分结合，要深入内在感受理解蕴含的情怀。作为教师，更要自觉提升自身的文化底蕴，充分引导学生感受中国传统文化的精髓,带领学生浸润文化精华,最终培养充满文化自信的中学生。

第二节　文言文教学的三个策略

文言文教学是语文教学的重点和难点,教师结合文本和学生水平,采用深度学习的"四因"策略是突破文言文教学重难点的有效途径。初中文言文进行深度学习才能使语文文言文回归其本源:文言文是传统文化的载体,是"文言""文章""文学""文化"的统一。

"文言"是古代汉语的书面语,它与现代汉语的区别主要体现在词汇和语法方面,这是学习文言文的前提;"文章"则主要是指其经世致用的言志或载道的实用功能;"文学"主要指作品的文学性即字句语言的锤炼和谋篇布局章法的讲究;"文化"则体现在传统的思维方式,民族的精神,记录的典章制度、天文地理、民俗风情等内容,传达的仁人圣贤的情意和思想。

因此对文言文要深度学习即细分、归类设置以文体为根基的阅读单元,细化单元侧重点,挖掘同一文体形式的相似点、不同点,显现不同文体的个性和共性,巧设适当的情景在阅读过程中与学生自我经验、认知搭建契合的桥梁,引导学生批判性地进行文言文知识的系统性建构、迁移、反思,培养和发展高阶思维能力。

基于这种观点初中文言文深度学习的基本策略主要有四个方面:

（一）因质定教

在教学实践中教师首先要有文体意识,文言文有不同于语体文的特点,它是古代汉语记录的以文章的样式体现出的古代文化的结晶,因此根据文章体式的特征、特点来实现深度学习。在教学过程中教师揣摩教材编者的意图、目的,把部编教材入选到初中教材的文言文进行梳理和归类,找出每一类文体的共同特点和区分其不同点。下面归纳了初中阶段文言文的几种基本的类型及特点：

1.历史散文(史传记类)在春秋笔法中见证波澜的历史和鲜明的人格形象。

例如《周亚夫军细柳》《孙权劝学》《曹刿论战》《唐雎不辱使命》《邹忌讽齐王纳谏》等。

2.诸子散文类在飞扬的文采和神奇的想象中感受逻辑及思想的魅力。

例如《鱼我所欲也》《孟子二章》《论语十二章》《礼记二则》《庄子二则》《愚公移山》。

3.游记小品类在形象优美的语言中锦绣山水的秀美和名士情怀。

例如《桃花源记》《小石潭记》《岳阳楼记》《醉翁亭记》《湖心亭看雪》《三峡》《记承天寺夜游》。

4.书信序跋类或在得体言词感受真诚达意的交往魅力,或在客观简明中窥见主客的殷切意图。

例如《答谢中书书》《与朱元思书》《诫子书》《送东阳马生序》。

5.政论警言类则在严密的论证中体会传统士大夫入世精神和思想的锋芒。

例如《爱莲说》《马说》《出师表》《陋室铭》。

6.寓言故事类则把哲理寄寓在通俗易懂的故事之中。

例如《狼》《杞人忧天》《穿井的一人》《卖油翁》《河中石兽》。

7.事物说明类则在生动形象的描述中感受传统技艺的精湛。

例如《核舟记》。

通过这样的"因质定教",我们可以基于不同的文体特点来确定教学目标来实现深度学习文言文。

(二)因文定教

因文定教是在确定每类文体的几个核心基本特征的基础之上研究具体

文章的结构的行文布局和材料裁剪的特点。

我们知道文章的文体和教学内容之间有密切的联系，传记类、先秦诸子散文、游记小品文肯定是不一样的，可以说文体特点制约着我们的教学内容。

比如《湖心亭看雪》和《小石潭记》这两篇从文体上讲都是游记小品文，短小是它的一个特点，短小意味着用简洁、白描的笔法描述一个事件；充满某种趣味是它的另一个特点，趣味意味着让这个小的事件显现某种情景，在这种情景中能窥探作者内在的处境，同时寄托着作者某一种心灵的情感，这些都是游记小品文的典型的文体特征，同时也制约着我们对教学内容的确定。

《湖心亭看雪》是一篇短小的游记，那就涉及作者在行文中都记了哪些景物，为什么这些景物描写的详尽，而有些则相对的简略，这也就是文章的章法，选择不同的章法是与作者寄寓的情感紧密联系在一起的。在这篇《湖心亭看雪》看标题的重点应该放在"雪景"和"看雪"的详细描绘上，如果我们仔细读，会发现文中确实用"雾凇沆砀，天与云与山与水，上下一白"来描绘，不过这些都是去湖心亭的路上没有到达之前看到的景象，真正到湖心亭作者却没有写雪景，没有看雪，唯独写看到了人，两个人还有一个童子在煮酒，看到我的到来大喜并拉我同饮，欢愉之后问其姓氏是金陵人，客此。读到此处联系开篇的崇祯五年的纪年、作者自身独特的经历，特别"金陵"独特的历史以及"客此"含义使得这篇游记具有了别样的意味，这也是本文行文结构、选材剪裁的奥秘所在。

《小石潭记》则是按照传统游记移步换景的结构方式来描写自然景物的闲适秀美，凄冷而触发自我内在情感的隐幽。通过这种文体特点的确定以及文体章法、行文结构和选材剪裁的分析才能实现文言文的深度学习。

（三）因字定教

教师要依据文中出现的"字""语句"等语言现象确定同中有异的常用字词作为深度学习的重点和难点。

以《桃花源记》为例，从文言文的角度来看，除去古今完全相同和没有理解性障碍的词语,文中剩余的大致可以分为几类:①不常见的难字难句,如俨然、垂髫等,这些在文中出现频率少且课下已有明确注释,这些无须专门再讲;②同中有异课文中已有注解的:例如来此绝境中"绝境"、"阡陌交通、无论魏晋"中的"无论"等;③同中有异未做注释的:例如"缘溪行"中的"缘"字、"悉如外人"的"悉"字、"咸来问讯"中的"咸"字,"不足为外人道也"中的"为"字,这类字未提供注释说明,应该成为教师教学的关注点。

还有比如"闻"字(见"阡陌交通,鸡犬相闻""村中闻有此人""此人一一为具言所闻""高尚士也,闻之"等语句),"复"字(见"复前行,欲穷其林""复行数十步,豁然开朗""来此绝境,不复出焉""余人各复延至其家""遂迷,不复得路"等语句),"得"字(见"林尽水源,便得一山""即出,得其船""遂迷,不复得路"等语句)都属于文言中同中有异的常用文言字词,教师要引导学生加以特别的关注并归纳整理。在梳理的基础上对此类貌似"浅易"而实际在不同的语境并不"浅易",切忌因其简单而不做深入思考和研究。

(四)因情定教

因情定教则是在"因文定教""因字定教"的基础上细读文本,依据具体情况确定文本的细小处、关键点,着重文学形式要素的分析和鉴赏以及与这种思维紧密联系的情意和思想,只有这样才能找到解读文章的密码实现深度学习。下面以《曹刿论战》为例来具体分析。

《曹刿论战》在教学过程中经常以"肉食者鄙未能远谋"作为本文的文眼,依据剪裁内容分为战前、战中、战后,其中详写战前的条件和战后胜利原因的分析,略写战争的过程,这样安排详略得当又能体现课文题目的"论"字,文章的主题也很鲜明,因为本章是以曹刿的"远谋"贯穿整个篇目,分为战前、战中、战后条理清晰,学生理解容易。

这样的理解固然不错,但教师进行细致分析会发现一个问题:战后对击鼓和追击的时机选择原因剖析是战中鲁庄公未解之谜的回答,两者之间是有紧密的内在因果联系。对于这一问题能否生硬的这样分开值得商榷,这就要求教师细读文本注重文学形式要素的分析以及与这种思维联系的情意和思想,联系战前曹刿与鲁庄公之间的对话我们会发现几个特点:对话直接而简短,对话以"何以战"开端,以"可以一战,战则请从"结束;对话犀利围绕"战争"展开,以曹刿猛然发文开端,以鲁庄公的回答和曹刿对鲁庄公直接反驳或赞同结束;对话中鲜明的展现二人对战争取胜不同考量。

我们认为一般观点是鲁庄公把战争取胜的条件分别寄托于他人、神灵和百姓,尤其是取信于民是取得战争胜利的根本原因,加上战争中曹刿冷静、沉着的应对和指挥,鲁国取得这场以少胜多、以弱胜强的战役。这样看似完美的结论实际只是对文本的浅层理解,如果我们进一步追问鲁庄公为什么把战争的希望分别寄托于他人(这里指少数的贵族)、神灵和百姓上,我们会发现这三个方面都归结到君王自身即君王本身的德行的自我修养问题,战争尚未开始考量的是君王的德行——是否施行仁政;但是真正在战场上拼杀时则依靠的是"夫战,勇气也。一鼓作气,再而衰,三而竭",曹刿说得非常明确,战场上靠的是将士们奋力地拼杀。把两者结合起来才是曹刿的远谋:未战考量君王的品德;已战考量的是士气,上下一心同仇敌忾才应该是战争胜利的根本,这样在文本形式要素的分析和鉴赏中就实现对深度学习。

深度学习是文言文回归语词文本的重要途径和方法,教师用因质定教、因文定教、因字定教、因情定教的策略来实现文言文的深度学习,这四个方面是紧密联系的整体,在教育教学实践中从这几个方面入手做出点滴尝试,努力实现文言文教学中"文言""文章""文学""文化"的统一。

二、激趣策略

初中语文课本中所选的古诗文篇目都是中国古典文学中的精髓,是中华民族宝贵的文化遗产。学习这些优秀的古诗文篇目对于继承中华民族的文化传统,汲取中华民族的优秀文化成果,提高学生的阅读和写作能力,培养学生的人文素养,提高学生的人生阅历,都有很大的帮助。那么,如何让学生认真学习文言文呢？关键是提高学生的文言文阅读兴趣。

(一)改变现有文言文教学方式,激发兴趣,培养学生的人文核心素养

教师在日常教学过程中,应确立适应社会发展和学生需求的语文教学理念。在新形势下,语文教师要从传统的知识的传递者转变为学生学习的促进者、组织者和指导者,要确立学生是语文学习的主体的理念。

作为语文教师,在教学中应注意培养学生的自主学习的意识和习惯。特别是针对教改热潮中的"冷点"的文言文的教学,语文教师更应该改变传统的教学理念,不搞"满堂灌",而是引导学生掌握文言文学习的方法,为学生创设有利于自主、合作、探究的学习环境,培养学生自己凭借注释和工具书理解文言文的能力,注重学生的情感体验,让学生自己对文言作品做出适当的鉴赏、品评,从而激发学生的兴趣。

兴趣是一种无形的动力,当学生对所学知识产生一定兴趣时,就会很投入,而且印象深刻。学生一旦对文言文有了兴趣,就能产生巨大的学习动力,就会积极主动地去学习,变"要我学"为"我要学",变"被动学习"为"主动学习",这样才能使学生始终保持着愉快和高涨的学习情绪,让学生乐学、爱学,从而提高文言文教学效率,进而在潜移默化中,使学生的人文素养得到提高。

因此,作为一名在一线教学的语文教师,更应该积极主动地更新自己的教学理念,在课堂教学中充分发挥学生的主体作用,找到让学生乐学、爱学的文言文教学方法,让学生真正的走进文言文中,体味文中所饱含的感情,体会文中所描绘的美景,感悟文中所蕴含的道理,从而增强学生的文言文阅读兴趣,调动学生的积极性,培养学生的人文核心素养。

(二)改革文言文教法调动兴趣,培养学生的人文核心素养

1.创设情境,激情导入

俗语说:"好的开始是成功的一半。"一堂好课,精彩的导入会一下子抓住学生,让学生的注意力立刻集中到课堂上来,精彩的导入是激发学生学习的

"第一源泉,第一颗火星",教师上课前若能通过精心设计,巧妙地设计导入环节,创设出与新课相适应的情景和氛围,就能激起学生高涨的学习热情和强烈的求知欲望,使学生积极融入教师所讲的课文中,在探索的过程中,我通常采用以下几种形式:

(1)通过优美的古曲引出课文,激发兴趣

中国是一个古老的音乐国度,古琴、古筝那深沉蕴藉、潇洒飘逸的风格,那含蓄的、内在的神韵,那空灵的美感,那优美的曲调能一下子把学生带入一个优美的意境中,使学生容易走入课文,感受古人那高尚的情怀。

例如在讲《陋室铭》这篇课文时,其中有这样的句子:"可以调素琴,阅金经。"教师在设计这篇课文的导入环节时,就可以古琴曲导入课文,学生边听古曲,边读课文,学生慢慢地融入古琴曲所营造的氛围中,就会自然地探求文章的内容,去理解作者所要表达的高尚节操和安贫乐道的生活情趣,这极大地激发了学生的兴趣,并对学生的人文核心素养的提高有极大帮助,收到很好的效果。

(2)通过学生熟知的成语或名人名言引出课文,激发兴趣

例如讲《桃花源记》这篇课文时,先在黑板上写"世外桃源""落英缤纷""豁然开朗""怡然自乐"等成语,让学生通过查词典,理解词义,继而让学生带着问题走入课文,作者为什么写桃花林"落英缤纷"的美景?"豁然开朗"表现了渔人发现桃花源后怎样的感受?桃花源中的老人和小孩为什么都"怡然自乐"?桃花源这个地方为什么后来被称为"世外桃源"这些有生命力的鲜活的成语能有效地吸引学生的求知热情。在教师的启发下,课堂气氛十分活跃,学生争先恐后的要求回答问题,这样一来,就使得本来枯燥的文言文课上得有声有色,既调动了学生的兴趣,又培养了学生的人文核心素养,教学效果非常好。

(3)通过精彩的视频、精美的图片引出课文,激发兴趣

祖国山川秀美多娇,古人有许多描绘祖国大好河山的优秀文言文,学习

这类文章,可以搜集一些关于所学文章内容的视频影像资料或精美的风景图片,吸引学生的注意力,激发他们学习这类文言文的兴趣。

例如讲《与朱元思书》这篇课文时,教师可以向学生展示富春江美景的图片,进而再体会文章中对景色的描写,抓住特征,学生边欣赏优美的图片,边领会美文,学习起来饶有趣味,而学生的人文核心素养也得到提高。

(4)通过生动的故事引出课文,激发兴趣

初中生年龄普遍偏小,学生们对于故事更感兴趣,初中文言文中有许多故事性强的文章,如《公输》《曹刿论战》等,在讲解这类文言文时,教师可以以讲故事的形式导入课文,引起学生的注意,让他们了解所要学内容的背景和梗概。那么,学生就很容易走入课文,学习起来就不感到那么困难,这样就会收到事半功倍的效果。

精彩的导入,能极大地激发学生阅读文言文的兴趣,启迪他们的心智,树立他们的自信心,培养他们的人文核心素养,从而提高课堂教学效率,让学生在轻松愉快的氛围中学好文言文。

2.注重诵读,激发兴趣

诵读是学生学好文言文的钥匙,它可以帮助学生打开学习文言文的大门。古人云:"读书百遍,其义自见。"教师在教学文言文时,应特别注意诵读这一环节在文言文教学中所起的作用,教师应精心营造文言文诵读的教学氛围,使学生在琅琅的读书声中吸取古代灿烂文化的营养,变被动学习为主动学习,在教学中通常可以采用以下几种形式:

(1)示范朗读

文言文中有些字、词的读音和现代汉语中的读音相去较远,文言文中的断句、节奏划分等学生刚开始还掌握不好,这时候,就需要教师的示范朗读,教师应给学生讲清朗读的要领,读准轻重音,掌握好语速、语调、语气,注意断句、节奏,进而让学生模仿教师的朗读,通过读,让学生对课文的内容、表达的感情有初步的体会,这样能收到良好的效果。

（2）多种诵读方式结合起来，培养语感

文言文虽然离学生的实际生活较远，但古代流传至今的作品往往都是脍炙人口的名篇，本身有较强的可读性，通过让学生诵读，直至背诵下来，既可以加强学生的语感，又可以让学生理解课文的内容与主旨，并把它变成自己的知识。这比教师教、学生被动记的教学效果要好得多。在日常的课堂教学中，教师可以采用多种朗读方式，如分组朗读、分角色朗读、配乐朗读、学生竞读等，多种方式才能让学生产生新鲜感，才能激发学生阅读、学习文言文的兴趣，并在朗读中逐步培养学生的人文素养。

例如在教学《公输》这篇文章时，可以让学生分角色朗读，体会人物的性格特点；在教学《短文两篇》时，可以采用竞读的方式，看谁读得又准确又熟练。通过形式多样的朗读，既活跃了课堂氛围，又调动了学生阅读、学习文言文的兴趣，许多文章学生在课堂上就能熟读成诵，这就为学生积累文言文知识、理解作者的情感、体悟文章的主旨，并为学习更深的文言文打下良好的基础。

诵读是长期以来人们从学习文言文的实践过程中总结出来的行之有效的好方法。通过让学生反复诵读文章，既能让学生积累语言材料，又能增强学生的语感，从而提高文言文阅读能力与兴趣，进而培养学生的人文核心素养。

3.用灵活多样的形式教学，激发兴趣

初中学段的学生，希望能轻松愉快地学习，因此，语文课堂形式应是多样的，是生动的，是轻松活泼的，而不应该只是教师的"满堂灌"。所以教师应该用全新的教学模式，开展各种语文活动，利用活动提高学生的阅读兴趣。特别是在文言文教学中，教师更应该开动脑筋，以多种灵活形式激发学生的阅读、学习热情，让学生真正走入文言文中，让他们真正体会到学习文言文的乐趣。

例如在教学中可以穿插表演。在讲授《核舟记》这篇文言文时，可以让学生扮演苏轼、黄庭坚、佛印的角色,来体会文章的描写。在讲授《公输》时,可以让学生分角色扮演墨子、楚王、公输盘,通过学生的表演、对话,让学生理解文章的主要内容,进而体会墨子"兼爱""非攻"的思想,并领会文章的主旨。除此之外,还可以开展文言小故事比赛、文言文朗读比赛、文言文讨论会,观看优美的写景的文言文的视频,欣赏成语典故影视作品等。通过比赛、讨论的形式,培养学生阅读文言文的兴趣。等到了九年级,还可以让学生来当小教师,例如讲《愚公移山》这样篇幅不长文字也不太难的文章时,可以大胆地让学生试教,鼓励学生当小教师,这样,小教师既要认真备课,而坐在下面的学生因为新鲜,也能认真地听讲。这样既丰富了课堂内容,又调动了学生的学习积极性。同时还能极大地激发学生自觉阅读、学习文言文的兴趣,并培养了学生的人文核心素养,可谓事半功倍。

在文言文阅读教学中,教师应把课堂的主动权还给学生,围绕"以教师为主导,学生为主体"的教学思想,培养学生"自主、合作、探究"的学习方式,让学生体会到参与的愉悦和收获的成就,激发学生阅读文言文的兴趣,培养学生的人文核心素养。

(三)注重课内知识的课外延伸,提高兴趣,培养学生的人文核心素养

初中生课内学习的文言文篇目毕竟有限,要想让学生牢固掌握已经学习过的文言知识,并对文言文阅读加深兴趣,课堂后的课外延伸必不可少。

例如,七年级的学生刚接触文言文时,教师课堂上讲解了《咏雪》和《陈太丘与友期》两篇小短文后,可以引导学生课后阅读《世说新语》中其他一些浅显的生动的有趣的小故事,让他们自己查阅工具书,理解小故事的内容,并开展一堂活动课,举办一场讲故事的比赛,看看谁讲得故事更生动、更有趣。这样,可以极大地调动七年级学生阅读文言文的积极性,激发学生的阅读兴趣与热情。

在学习了蒲松龄的《聊斋志异》的名篇《狼》之后,可以推荐学生在课余阅读《聊斋志异》中其他的一些浅显易读的文章,这样的文章既有意思,让学生

感兴趣,又能提高学生的文言文阅读能力,效果很好。

随着学生阅读文言文能力的提高,到了八年级,学生学习了《桃花源记》这篇课文后,可以让学生课后对比阅读陶渊明的《桃花源诗》和《五柳先生传》,进一步理解陶渊明的思想、理想,让学生加深对陶渊明的认识,为以后学习诗歌打下基础。到了八年级下学期,学习了《小石潭记》这篇柳宗元的名篇后,还可以推荐学生阅读《永州八记》中的另外七篇文章,扩展学生的阅读视野,进而品味写景文言文的美,并加深学生对于作者的理解,逐步领会柳宗元在他的文章中所创造的寓情于景、情景交融、物我合一的艺术境界,使学生对于文言文的阅读兴趣逐渐加深。

九年级,随着学生阅读文言文的能力进一步提高,在学生学习了《曹刿论战》等程度较深的文言文后,可以推荐学生阅读《左传》中的其他一些名篇,如《郑伯克段于鄢》《烛之武退秦师》等,这些文章故事性都比较强,通过让学生对比阅读,学生阅读文言文的兴趣明显提高,人文核心素养也不断提升,这就为高中继续学习更深的文言文打下了良好的基础。

在文言文的教学中,培养学生的阅读兴趣,教会学生学会文言文的方法是最重要的。语文教师在课堂上要能调动学生学习的积极性,以精彩的课文为例,引导学生走入精彩的文言文世界;课下,要能为学生推荐优秀的文言文篇目,让学生爱读、乐读,不断提高学生阅读文言文的兴趣,培养学生的人文核心素养,促进学生的发展。

三、"创新"策略

创新是一个民族进步的灵魂,是一个国家兴旺发达的不竭动力。在科学技术日益发展的今天,为了更好地与时代发展要求相适应,教师必须重视对学生创新素养的培养。语文作为初中教学中一门重要的工具学科,在教学中,教师更应注重锻炼学生树立创新精神,培养学生的创新思维,提高学生的创新能力,进而整体提升学生的创新素养。

（一）创新素养的内涵

创新素养是指人在先天遗传素质基础上后天通过环境影响和教育所获得的稳定的在创新活动中必备的基本心理品质与特征。

创新素养应包括创新精神、创新思维和创新能力。创新精神指推崇创新，追求创新，以创新为荣；创新意识是指善于发现并提出问题，具有强烈的"问题意识"；创新能力是技术和各种实践活动领域中不断提供具有经济价值、社会价值、生态价值的新思想、新理论、新方法和新发明的能力。

创新素养的培养必须通过一定的创新过程来实现。创新过程体现对事物的要素分析、结构设计、功能开发、效能评估、管理控制、应用推广等各个环节中。创新观念的形成、创新方法的掌握、创新思维的训练、创新人格的培养、创新情感的激发等创新素质过程本身，都是一种创新过程。脱离新过程来培养创新素质，只是一句空话。

（二）初中语文教学培养学生创新素养的必要性

创新是一个人个性发展的动力与源泉，创新素养是中学生应具备的核心素养之一。在当今高科技信息时代，现代社会的高速发展更离不开创新，改革开放四十年来，教育方针明确提出，应重视培养学生的创新精神与积极主动的自主学习与实践能力，进而提升学生的整体创新素养，这已经逐步成为新时期社会全面认同的方向。

语文学科是初中教学中一门融思想性、知识性、趣味性为一体的重要的工具学科。在日常语文教学中，加强对学生创造性思维的训练，不但是激发学生学习兴趣的有效途径，而且是发展学生智力，培养学生创新思维能力的关键，这对提升学生整体创新素养至关重要。因此，作为一名语文教师，应重视培养学生的创新精神，形成创新意识，提高创新能力，引导学生科学适应创造教育过程，并最终提升学生的核心素养中最重要的创新素养。

(三)初中语文教学培养学生创新素养的科学策略方法

1. 创设丰富的教学情境，激发学生创造性的学习

教学情境就其广义来说，是指作用于学习主体，产生一定的情感反应的客观环境。从狭义来说，则指在课堂教学环境中，作用于学生而引起积极学习情感反应的教学过程。它可以综合利用多种教学手段通过外显的教学活动形式，营造一种学习氛围，使学生形成良好的求知心理，参与对所学知识的探索、发现和认识过程。

为了更好地在教学中培养学生的创造个性，教学中要创设各种情境以便更好地发挥学生的创造力。那么，如何创设情境呢？

(1)创设敢于质疑的教学情境，培养学生的创造力

"在可疑而不疑者，不曾学；学则须疑。"学生有了疑问，才会进一步思考问题，才能有所发现，有所创造。发现和提出一个有价值的问题就是创造，有时比解决问题更重要。科学是非常富有创造性的，其最基本的态度之一就是疑问。

好的教师会抓住学生"质疑"的思维火花，对学生的提问及时给予肯定，调动学生的学习积极性，开发学生的潜能，鼓励他们在实践活动中解决疑问。

在语文教学中，教师应采用适合学生发展的教学方法，并且要多给学生"空白地带"，鼓励学生自己去大胆质疑、解疑，让学生不拘泥于教材、教师，批判地接受事物的创造个性。

如《记承天寺夜游》中有这样一处："……何夜无月？何处无竹柏？但少闲人如吾两人者耳。"其中一名学生就对"闲人"质疑："苏轼为什么要称自己为闲人呢？他本身应是极有抱负之人，为何此时会如此消极呢？"

教师首先肯定了该生的质疑精神。然后把该生的问题让大家共同思考，大家结合作者当时的时代背景以及作者当时被贬谪的经历，得出结论：这里的"闲人"，指清闲的人，但并非指闲极无聊、无所事事的人，而是包含着复杂

的意味。

　　首先,"闲人"指具有闲情雅致的人。作者与张怀民欣赏月夜景致时感慨道:"何夜无月?何处无竹柏?但少闲人如吾两人者耳。"表面上是自嘲地说自己和张怀民是清闲的人,闲来无事才出来赏月的,实际上却为自己的行为而自豪——月夜处处都有,却只有情趣高雅的人能够欣赏它。其次,"闲人"包含了作者郁郁不得志的悲凉心境,作者在政治上有远大的抱负,但是被一贬再贬,流落黄州,在内心深处,他又何尝愿意做一个"闲人"呢?赏月"闲人"的自得只不过是被贬"闲人"的自我安慰罢了。通过质疑、讨论、最后得出结论,学生不仅理解了"闲人"的真正含义,更对苏轼其人以及他的思想有了更深的理解。而更重要的是学生敢于质疑的精神得到了肯定,其创造个性得到了充分的展示。

　　教师要鼓励学生敢于质疑,培养学生独立思考的习惯,敢于亮出自己的看法和主张,激发学生创造性的学习,帮助学生树立创新意识,从而促进学生创新素养的发展。

　　(2)创设丰富的想象情境,培养学生创造性的学习

　　爱因斯坦曾说过:"想象力比知识更重要,因为知识是有限的,而想象力概括着世界的一切,推动着进步,并且是知识进化的源泉。"而学生的想象力越丰富,对文章的理解就越有创见。因此,教师在教学之中应充分利用一切可供想象的因素,发展学生的想象力,培养学生的创造力。

　　在语文阅读教学中,学生借助语文材料不断扩展思维的范围,把记忆中的信息进行重新组合、加工。教师要善于引导学生对课文内容进行再造想象,训练学生思维的灵活性、独创性,鼓励学生发挥自己的创造力。

　　如清代作家沈复的《童趣》一文就充分发挥了他的想象力,文中写了三件他自己小时候有趣的小事,这三件小事有一个共同的特点就是想象力丰富、生动有趣,这就特别能吸引学生。借此机会,教师提出,发挥学生的想象力写一件自己小时候的事,这次学生们都来了兴致,开动脑筋,搜索记忆中充满想

象力的有趣的往事,学生们的作文再也不是无病呻吟的内容了。

2.培养学生学习语文的兴趣,激发学生创新的热情

兴趣是指一个人力求认识某种事物或从事某种活动的心理倾向。培养学生对学习语文知识的兴趣是对学生进行创新素养培养的前提。"教人未见其趣,必不乐学。"兴趣是推动学生学习的内在的力量,是学生学习的强大动力。学生一旦对语文产生了浓厚的兴趣,就乐于接触它,就能兴致勃勃地全身心投入学习和探索之中。如果学生没有学习的兴趣,就谈不上对知识的深入研究,更谈不上创新。教师应从传统教育观念的束缚中解脱出来,着力培养学生强烈的探索动机和创新意识;鼓励学生深入研究,支持与爱护学生的好奇心、求知欲。教师在课堂上引导过程中创造的生动愉快的气氛,对培养学生的学习兴趣,激发学生创新热情具有重要意义。

例如讲《岳阳楼记》这篇课文时,学生们也许没有去过岳阳楼,更没有看过烟波浩渺的洞庭湖,对岳阳楼和洞庭湖也就没有太多感性的认识。因此,课堂上可以让学生通过多媒体展示图片,看录像等方式感受岳阳楼之壮观,洞庭湖之气势。让学生对此景象有一个直观的认识,然后让学生想象:自己此时置身于岳阳楼上,面对波澜壮阔的洞庭湖,你会有怎样的感受呢?

一石激起千层浪,学生们纷纷举手发言,想象自己登楼后的感受,表达自己看到景物之后的心情。学生们的学习兴趣被激发,学习热情被调动,课堂气氛十分活跃,学生们以积极主动的态度投入到新知识的学习中,那么再往下进行的共同探究活动,就容易让学生接受,学生的创新热情自然高涨,而对学生进行的创新素养的培养也就达到了一定的目的。

总之,为了进一步提高初中语文教学水平,契合时代特征,符合现代社会发展要求,我们应激发学生的创新意识,培养学生的创新精神,提高学生的创新能力,让课堂教学体现时效性,引导学生实现科学、持续、创新的全面发展,进而培养学生的创新素养。

第三节 诗歌教学中的四个策略

诗歌是独抒性灵的文学体裁,它用凝练的笔触为世人展现音乐美、绘画美和建筑美,高度集中地揭示社会生活和人类的精神世界。

诗歌教学一方面是开启智慧,陶冶情操的活动;另一方面也是感悟艺术,传递真情的过程。在诗歌教学中教师探索教与学的有效策略,让学生在诗歌学习中不断提升鉴赏能力。让学生因积累诗歌而怡情,因感悟诗情而成长。

一、诗歌教学要注重体验

培养学生思考问题的积极性和学习知识的自信心,最有效的策略莫过于激发学生的好奇心和求胜心,教师抓住学生对某些问题很想知道而又无从推知的关切和期待心理,注重他们已有的知识体验,唤起他们在学习中的主体意识,为学习新知做好铺垫和准备。

汉乐府诗歌《木兰诗》中"花木兰"是家喻户晓的女英雄,在学生头脑中已有很深"成见"的基础上,教师怎样利用一个熟悉的故事激发学生的好奇心呢? 这时,教师可以尝试来通过"唤醒成见"而后再"丰富成见"的方法。

比如"英雄"一词,"荣而不实者谓之英"(《说文解字》),英即"花",引申为美好的。在古人眼里,"英雄"是杰出的生灵:"英"是植物中的精华,"雄"是动物中的精灵。所以,一般来讲,大家对于英雄的理解应该是英勇善战,健壮有力的男性形象,这就是众人的"成见",当然也包括学生。教师引导学生学习《木兰诗》,首先要先唤醒学生的这种固有"成见",而后引导学生思考"木兰是个女性,巾帼英雄,那么木兰的刻画与其他男性英雄的刻画区别是什么呢?"借助这样的问题,学生就会主动在比较中阅读文本,这样的阅读既能使获得独特的体验,又丰富了学生的"成见"。

学生在这样的阅读中会发现,《木兰诗》一诗中作者详细地叙述了木兰战前的各种准备:在匆忙奔波中备马,辞别父母,一路奔向前线。在行军中又详细叙述了木兰对父母的思念,战争胜利后则又事无巨细地叙述了木兰返乡后享受亲情的欢乐。这时学生就会发现这个巾帼英雄的成长历程基本没有金戈铁马的刻画,即使是为国而战,立了大功("策勋十二转")也只是淡然处之。经过前期教师的阅读引导,学生自然会在阅读中发现这些不寻常的地方。由此便激发了学生的探究意识,对文本独具个性且深入的探究就顺其自然地展开了。这时学生就更容易理解"花木兰"这个英雄的内涵不单纯是光宗耀祖、富贵还乡,而是不忘女性本来面貌的生动的女英雄。这个英雄的内涵是一种非英雄的姿态,是一位为家庭的责任国家的使命而出征,最后又回归家庭享受亲情的温暖又有内涵的巾帼英雄,这就是作者详略处理得巧妙用心。

教师在教学中利用学生强烈的好奇心,激发兴趣,注重学生的知识储备,了解哪些是学生已经会的知识,他们对熟悉事物的"成见"是什么,在强烈的阅读动机的刺激下,科学、有效地激发学生的学习兴趣,引领学生阅读文本,既可以有效地促使学生进行对文本的个性化阅读,又能在提出问题与解答问题之间,创造性地解决阅读障碍,提高阅读效率。

二、诗歌教学要合理挖掘

上文主要分析了激发兴趣,唤醒感觉在创造性阅读中的重要作用。对于一篇阅读材料,主观上学生想要探究,在主动自觉又带有未解悬念的阅读中,当然会取得事半功倍的效果,但是兴趣一旦激发,能将兴趣保持,并在后期的阅读中始终保持积极的紧张水平就很重要。换言之,学生的兴趣已然激发,教师就要帮助学生将这种积极的学习状态持续整个阅读过程,教师与学生一起走入文本,深入挖掘诗歌内容,使学生保持较高的兴趣来主动进行创造性的阅读。教师可以采用"陌生化"的手段来辅助学生进行文本阅读。

《心理学纲要》指出,人们对外界的刺激有"趋新""好奇"的特点,而那些

"完全确实的情境(无新奇、无惊奇、无挑战)是极少引起兴趣或维持兴趣的"。所以新奇的东西才能唤起人们的兴趣,才能在新的视角、新的层面上发掘出自我本质力量的新的层次并进而保持它,而"陌生化"正是化熟悉为新奇的利器。

"陌生化"由俄国形式主义评论家什克洛夫斯基提出,他说:"艺术的技巧使对象变得'陌生',使形式变得困难,增加感觉的难度和长度,因为知觉过程自身就是审美目的,必须予以延长。"这个理论强调的是在内容与形式上违反人们习见的常情、常理、常事,同时在艺术上超越常境。陌生化的基本构成原则是表面互不相关而内里存在联系的诸种因素的对立和冲突,正是这种对立和冲突造成了"陌生化"的表象,给人以感官的刺激或情感的震动。

比如,苏轼的《念奴娇·赤壁怀古》一诗的阅读教学,教师就可以带着学生合理挖掘文本,寻觅文本中的"陌生化"的处理方式来使学生的阅读更具创造性。

苏东坡创作《念奴娇·赤壁怀古》时,因为讽刺王安石变法被贬为黄州团练,黄州即现今黄冈,又叫赤鼻矶,当地人称为"赤壁"位于长江中下游,而赤壁之战的古战场是在今天的湖北省咸宁市赤壁县,位于长江中上游。原诗为:"故垒西边,人道是,三国周郎赤壁。""人道是"表明并非作者有意认定。苏轼在《赤壁赋》后记里有"江汉之间,指赤壁者三",可见他是清楚赤鼻矶并非赤壁之战的古战场。那么作者将两个历史空间统一在一个历史时间,就是想以此作为一个制高点,从这个高度去审视人物、人生、社会和宇宙。

再如文中"乱石穿空,惊涛拍岸,卷起千堆雪。"其实也并不是苏轼的真实所见,苏轼《赤壁赋》"清风徐来,水波不兴"便是例证,可见这"卷起千堆雪"乃是想象之景,是苏轼将别处的情境与他所处赤鼻矶的江水,利用"陌生化"的手法,使得对象变得"陌生"。这种"陌生化"的处理方法源自苏轼内心涌动着的压抑不住的英气豪情。

再如,"遥想公瑾当年,小乔初嫁了,雄姿英发"。公瑾当年娶妻和领兵打仗之间大概相隔了约十年之久,苏轼将两个不同的历史事件放在同一时间发生,英雄美人,建功立业,洞房花烛相得益彰,让人羡慕不已。将两个将近相差十年的历史事件统一到同一个时间中,让人功成名就的追求完美展现,体现了人们对于这种功名荣华的追求羡慕,以及这种美事儿本身所具备的虚妄性的实质。在这种虚妄的追求下,人们往往就看不到"浪淘尽,千古风流人物"的历史本质。包括后文"羽扇纶巾,谈笑间,樯橹灰飞烟灭"中作者有意将周瑜与诸葛亮的装扮混而为一也是此意。周瑜的光彩照人和文武双全同样也是揭示这种虚妄性外衣笼罩下的美好。

引领学生去发现、揣摩文本中的这种"陌生化"的处理方式,不仅能丰富学生的见解,更重要的是在合理挖掘文本的过程中始终使学生保持高昂的阅读兴趣。就是在这种质疑—探究—释疑的过程中,加深了学生对文本的理解,实现学生富有创造性的个性阅读。

三、诗歌教学要"授人以渔"

合理挖掘教材,保持阅读兴趣,是学生对文本持续关注的基础。语文教学既希望让学生保持对阅读对象的长久兴趣,又希望能借助于某些文本的阅读,让学生掌握一类文章的阅读方法,为学生的终身学习打下坚实的基础。

古语曾说:"授人以鱼不如授人以渔",讲的是传授给人知识,不如传授给人学习知识的方法这一道理。教学实际也如此,成功教师的教学一定要致力于培养学生的探究意识授予学生必要的学习方法,提高学生的学习能力。一个人能否具备完善的学习能力决定一个人获取知识的多寡和竞争能力的高低。管理大师德鲁克说:"真正持久的优势就是怎样去学习,就是怎样使得自己的企业能够学习的比对手更快。"也正因为如此,你如果想获得自信而持久的优势那就永远要比别人先学、多学,基础是你首先要"会学"。一个成功的人不一定是一个极端聪明的,但是一定是极会学习的。这个"会学习"就是指掌握必要的"学习方法",必要学习方法的掌握会影响人的一生,所以,这里我要说,一名合格的教师不在于你交给学生多少知识,而在于借助知识的载体传授给学生怎样的学习方法。

比如教师在教授《观沧海》时,就可以和《天净沙·秋思》进行比较阅读,帮助学生了解诗歌赏析中"意象"的重要作用。《观沧海》一诗作者选用的意象是"水""山岛""树木""百草""秋风""洪波""日月""星汉",《天净沙秋思》作者则选用了"枯藤""老树""昏鸦""小桥""流水""人家""古道""西风""瘦马"等意象。让学生自己比较这两首诗在意象选择上的特点。显而易见《观沧海》中的意象恢弘豪壮,而《天净沙·秋思》中的意象则相对微小而凄凉。这是意象承载作者不同的情感所致。曹操借苍茫的大海、竦峙的山岛、茂盛的草木、澎湃的洪波等景物的写出了大海的辽阔壮丽景象,因为这些景物已经染上了作者的感情,已不只是客观的景物了,而成为寄托作者情感的意象,这些意象构成的雄浑壮美的意境正是作者心境的写照,表达了他渴望建功立业,统一中原的雄心伟志和宽广的胸襟。

而马致远则离乡背井、不得志,幽微的心思百转千回。诗人所选意象当然各不相同。"古道""西风""瘦马"写出天涯游子骑一匹瘦马出现在一派凄凉的背景上,"枯""老""昏""瘦"等字眼使浓郁的秋色之中蕴含着无限凄凉悲苦的情调。从而抒发了一个飘零天涯的游子在秋天思念故乡、倦于漂泊的凄苦愁楚之情。

教师要善于让学生在比较中了解诗歌赏析抓住"意象"的重要性,教会学生在分析意象的基础上去领会诗意,感悟诗情,更重要的是,让学生掌握一般意象在古诗中融入的作者情感,从而掌握诗歌赏析的重要方法。

四、诗歌教学要博古通今

(一)了解历史,方能深入全面解析诗歌内容

辛弃疾《南乡子·登京口北固亭有怀》一词的赏析中,最后一句"生子当如孙仲谋",一般情况下学生能理解到辛弃疾这名爱国主战的诗人对孙权的

推崇和赞美,想要再深入地分析这句话的内涵,学生恐怕就有困难了。

在课上,教师尝试引导学生思考:"历史上那么多英雄豪杰,辛弃疾为什么偏偏利用词的下片来反复吟咏孙权?"这个抛出问题后,教师第一步引导学生查阅孙权坐断东南的位置和南宋朝廷的位置,第二步引导学生搜索"生子当如孙仲谋"这句的原文出处。

学生的积极性一下子被调动起来,他们对未知知识的渴望督促他们深入思考诗歌文字背后的历史文化内涵。学生通过自己的探究后发现:一是孙权坐断东南的位置与南宋位置几乎相同;二是"生子当如孙仲谋",是曹操对孙权的赞叹之语。《吴历》原文中说,"生子当如孙仲谋,刘景升儿子若豚犬耳"。于是,在课上交流的时候,有的学生就反馈:同样的地方,孙权坚持抗战,没有向敌人低头屈服,而当时南宋的统治者则恰恰相反,这是作者内心的报国无门和对朝廷的失望之情自然流露。

这个问题的设置,让学生自然而然将课本知识与历史和文化知识勾连起来。

当时在课上反馈时,讨论最激烈的是"生子当如孙仲谋"一句。有的学生认为这就是作者流露的对孙权的赞叹之语,不宜过分延伸。而有的学生则根据自己查找的资料分析认为,当时朝廷主和派和主战派两派之争非常激烈,辛弃疾故意只说曹操语句中的前半句,其实暗含指责主和派"若豚犬"之意,这是对当时主和派的极度愤怒的情感流露。

学生沿着教师问题的引导,自己查阅资料、逐步走入诗歌,深刻理解诗歌内涵。在解决问题的过程中他们自然会发现历史和优秀传统文化的魅力。在语文课堂教学中实现对中国文化的理解与传承,可以培养学生的思维,促进学生创造性地解读作品,促进学生语文核心素养的落实。

(二)立足现实,方能挖掘诗歌的新意

教育回归生活使人们意识到本真的教育与人的整个生命历程相关联。着眼现实的教育,一方面,课堂教学与学生的生活密切相关;另一方面,教育教学要能促进学生成长和发展。着眼现实的教育用现实生活中的各种因素来教育学生学会生活。生活是一个永恒的主题。语文教学要立足学生的生活经验,结合学生的兴趣爱好、价值取向、情感体验来进行,甚至要结合学生在发展过程中出现的问题和困惑来开展教育。

在李白《行路难》、刘禹锡《酬乐天扬州初逢席上见赠》和苏轼的《水调歌头》三首诗歌的准备过程中,笔者重点研读了作者起伏跌宕的经历。现今有些学生存在惧怕挫折,心灵脆弱的问题。针对此种情况,教师可以将上述作品形成系列,组成类文阅读,在教学中渗透对学生生命意识的培养。

在教学中,教师可以设计问题:《行路难》《酬乐天扬州初逢席上见赠》《水调歌头》这三首诗词出现在同一课中,请学生结合诗歌分析其共同点。这样的设疑目的是引导学生体悟李白,面对仕途上的诸多波折尚能振奋精神,发出"长风破浪会有时,直挂云帆济沧海"的呐喊;刘禹锡"二十三年弃置身"仍能有"暂凭杯酒长精神"的豪情;苏轼在仕途失意,兄弟离散的境遇,不是哀埋怨惆怅,而是对天下人发出了"但愿人长久,千里共婵娟"的祝福。

跟这些大文豪相比,学生平时遇到的挫折,生活中的不如意真是不值一提,这些名家也同样会遇到困惑和失败,但正是这些不如意,为他们生命的增加了一抹亮色,铸就了他们不朽的人格,因此,学生们也必须要勇敢无畏,直面生活中的挫折,让生活散发夺目的光彩。

随后,布置延伸作业:让学生从三个年级学过的诗文中再找找内涵主题类似的作品,自己分析这些作品内涵和作者经历的异同,看看我们能从他们身上探索到怎样的人生真谛。学生找到了《岳阳楼记》《醉翁亭记》《茅屋为秋风所破歌》《过零丁洋》《白雪歌送武判官归京》等诗文。他们在完成任务的过程中,将教材重新整合,将诗文进行内容筛选,深化对作品主题的理解,更从中学到了如何面对生命中的困难和挫折的勇气,珍惜生命、热爱生活。着眼生活的教育指向广泛,而生命意识教育无疑是其中重要的部分,对学生生命意识的教育来源于生活,着眼于生活,体现了"教育即生活,生活即教育"的理念,也体现了教育对生活的回归。

教学中将教材和现实紧密地结合在一起,既可以挖掘教学的深度,拓展教材的广度,更可以发展提升学生的思维,实现持续关注学生的生成发展的动态过程。

第三章　散文阅读教学的探索

初中阶段阅读课涉及散文、小说、诗歌、喜剧等内容。这里所讲的散文一般指以语言为创作、审美对象的文学艺术体裁,它是一种抒发作者真情实感、写作方式灵活的文学体裁,是文学中的一种体裁形式。这就是狭义上的散文。在中国现代文学中,散文指与诗歌、小说、戏剧并行的一种文学体裁。它是一种以记叙或抒情为主、笔法灵活、篇幅短小、情文并茂的文学样式。广义上的散文不是我们本章研究的对象,我们本章研究的对象是狭义散文阅读教学的策略。

散文语言清新自然,意境含蓄优美,意蕴丰富隽永。阅读散文可以陶冶情操,提高审美情趣,增强文化品位。常读散文对于写作基调、立意的把握,对于品德修养的提升都是大有裨益的。

散文教学是中学语文教学的重要内容,对由形象思维逐步向抽象思维过渡的中学生来说,散文学习是必要的文化食粮,是人生体验的必要积淀。因此,探究散文教学策略,提高散文教学水平,增强学生的散文学习兴趣是语文教学极其重要的内容。这里仅对现代散文文本教学做如下探讨。

第一节　散文教学的深度探索

深度学习是指在教师引领下,学生围绕着具有挑战性的学习主题,全身心积极参与、体验成功、获得发展的有意义的学习过程。艾根的深度学习(Learning in Ddptg)的研究,更明确地指向了学生对知识的学习所达到的深度,以及教师通过对知识的处理引导学生逐步到达一定的深度,这一深度学习(Deeper Learning)的过程是一个逐步深化的学习过程,要求教师在教学过程中引导学生深度学习应着眼于知识的深层次理解和深度处理。该项研究表明,深度学习的研究转向了对教学过程的关注,深度学习的研究呈现出向深度学习与深度教学相结合的转向。

第二节　散文教学的深度学习策略

语文深度学习就是以语文学科的知识内容为载体,运用深度教学的理念和策略,引导学生深入参与教学的过程。学生在对语文知识批判理解和牢固记忆的基础上,架构起新的知识体系,进而升华自身情感、态度与价值观,语文深度学习,教师在实施教学前要清楚阐明教学结果,学生在课堂学习中应该理解什么,能够做什么。教师一定要有自己对文本深入地理解和分析,在教学中将自己的认知和思想融入教学,带着个人的思考和个人魅力展开文本教学,培养学生的思维,与学生在课堂中进行思想的碰撞。

一、创设阅读教学情境,帮助学生实现个性阅读体验

《课标》对阅读教学提出了以下要求:学生具有独立的阅读能力,注重情

感体验,积累丰富,形成良好的语感。因此,在语文阅读教学中,认真研究学情,针对学生原有的知识水平,适时创设学习情境,在知识技能,情感、态度与价值观等方面给学习主体搭建桥梁,激发学生的阅读兴趣,提高学生的阅读能力,帮助学生实现独特的阅读体验。

教育家第斯多惠曾经说过:"教育的艺术不在于传播的能力,而在于激励、觉醒和鼓励。"创设形象、可感的阅读教学情境是一种启发、唤醒和引领学生的教学艺术。在语文阅读教学中,要针对学生的学习心理和原有的知识水平,结合课文内容创设课堂教学情境,拓展思路,激发情感,让学生深刻理解课文内容,逐渐形成独特的阅读感受。

(一)创设益于激发学生积极阅读情感的教学情境

教学情境是指在教学过程中创设的情感氛围。在教学过程中,教师和学生之间的情感交流,在课堂的教学环节中逐步体现出来。教师在教学时,要关注学生的情感发展,只有学生对语文学习和语言文化有了积极的感受,才能保持语文学习的积极性,才能取得成效。因此,创设恰当的教学情境对激发学生的求知欲和好奇心有着积极的作用。调动学生学习的主动性,学习情绪高涨才会促使学生在阅读过程中迸发出更多思想的火花。

《从百草园到三味书屋》是一篇表现作者童年妙趣生活的回忆性散文,属于七年级下册"童年趣事"这一单元。童年是每个学生都有的美好回忆,趣事是每个人童年时期难以忘怀的经历。

依据这样的学情,教师在这一课的导入环节中,以"分享童年"为主题设计了几个问题:学生们还记得你的童年吗? 你还记得儿时发生过的一件囧事吗? 还记得和你一起玩耍的小伙伴吗? 还记得儿时常去玩的地方吗? 教师设计这几个问题意在鼓励学生通过多种话题来回忆童年,和大家分享自己的童年趣事。这个环节激起了学生们表达的欲望,大家踊跃举手,畅所欲言,有欢乐的场景,也有悲伤的遗憾。顿时,一张张纯真的脸庞让课堂上洋溢起童年的芬芳。然后自然过渡到作者的童年,进而走近作者,走进作者笔下那色彩斑斓的童真童趣。

在课文朗读的环节,教师利用多媒体播放了中国中央电视台"中国现代文学系类《美文共赏》节目"中《从百草园到三味书屋》的朗读视频。视频以动画的方式,展现了课文的内容,既活泼具象又符合七年级学生的心理和认知水平。学生们看着这一幕幕生动的画面,听着那一句句优美的描述,产生了一种身临其境的感觉,自然而然地投入到了课文的场景中去:跟着儿时的鲁迅去百草园嬉戏,去"三味书屋"里读书,感作者所感,思作者所思。

通过这样有声有色的阅读,学生们在轻松的氛围中对课文内容留下了直观具体的印象,再进入文本时,头脑中更容易生成画面感,从而激起了阅读的兴趣,思想的共鸣,这样使得文本阅读变得更有趣也更容易。

(二)创设具有感受性、体验性的教学情境

语文这门学科人文性很强,大部分的文章都含有强烈的情感色彩,如果学生不能引起同样的情感体验,那么就很难真正理解文章,实现情感共鸣。所以在教学中要充分调动起学生的情感,"披情入文",深入体悟文中之情。在一些阅读教学中,了解文章的写作背景和作者的人生境遇有助于对文章主题和思想感情的把握。再现文章的写作背景,创设与文章感情基调相符的教学情境,有利于学生理解作者所要传递的情感和要阐明的哲理。

以《走一步,再走一步》的教学为例,教师要求学生们根据文中的人物活动,分析人物的特点,并且让学生假设自己是文中的"我",在面对这样的困难时会怎么办,假设自己是文中的"杰利"在面对自己的好朋友身陷困境时会怎么做,假设自己是文中一起冒险的小伙伴中的一员会怎么做,假设自己是"爸爸"会怎样解救身处悬崖的儿子。让学生设身处地地去感受文中人物的处境并且想出自己的解决方法。

因此,在语文教学的课堂上,要努力创设一种令学生置身其中,流连忘返的教学情境,使学生的情感可以随着课文内容的发展而起伏流动。

（三）创设与实际生活紧密结合的教学情境

"语文的外延与生活的外延相等。"语文从生活中来，生活也无处不"语文"，只有将文本置于生活情境中去理解才能生发出真实而深切的感悟。这个过程使得学生的情感体验有了生活的依托，能够学会从实际中分析解决问题，解放固有的思维，拓阔了视野。

例如，在讲授《走一步，走另一步》时，教师以莫顿亨特在第二次世界大战期间的一个真实故事引入，说明他之所以能够躲过敌军顺利完成侦察任务，是与他小时候的一段冒险经历分不开的，那么孩提时的那段冒险究竟给作者带来了怎样的人生启示，请学生带着这个疑问去阅读课文。

在阅读课文后，大部分的学生都找到了文章最后的那段议论文字，并且结合"我"脱险的经历，说出作者所要传达的人生哲理：不要向困难低头，将大的困难分解成一个个小部分，化整为零，最终会克服困难。在明确了这一哲理之后，让学生们结合生活的实际，谈一谈平日里我们都遇到了哪些困难，应该如何克服这些困难。很多学生都谈到了学习上的困难，并且按照化大为小，化整为零的经验，提出行之有效的办法。这样学生不仅涵养了精神世界，还能够将课堂上获得的知识应用于实际。

《秋天的怀念》是一篇充满人性哲理的散文，作者以朴实含蓄的文字和真挚细腻的感情，表现了母爱的无私、深沉与宽容，字里行间蕴含着作者对自己生活经历、情感变化的回顾与反思。作者在懊悔、歉疚中表达了对母爱迟到的领悟，也表明自己在母爱的感召下变得更加成熟和坚强。

在教学中，教师根据学生的阅读层面，将体会"我"对母爱的顿悟及反思，树立乐观自信的人生态度作为教学难点。以学生现有的阅读水平为支点，设计探究活动，引导学生通过合作、探究一步步走进文本深处。让学生根据自己的阅读感受，自主地选择探究的内容，并归结方法。

比如《看花》里对关于看花、关于"我"和关于母亲三个问题的探究，让学生在合作、交流、分享中深入理解作品的内涵，体会作者的情感。进而，引导学生换位思考,与自己或母亲对话,使其情感受到熏陶,深刻地理解文本的主旨。体会"母爱"是人世间最伟大的爱,也是最平常的爱。教师要借助这篇课文唤醒学生心底对母爱的敬重,通过回忆自己与母亲的点点滴滴,去感受母爱、理解母爱、珍惜母爱。学生们在课堂上分享和母亲在一起的"那些事"时,都经过了认真思索,能够感受到他们在叙述与母亲相关的事情中也在进行自我反思。而这恰好是对学生进行心理健康教育的时机,于是教师继续引导学生在分享——反思的过程中,重新审视亲子关系,努力跨越与父母间的鸿沟,拉近与父母的距离,与父母和谐相处。

如果每堂语文课都能使学生通过语文学习和活动关注生活,在品读人生百味的过程中获得各种生活体验,那么我们的语文与生活就会获得双赢。

(四)创设有助于内容再现的具体形象的教学情境

运用数字化技术展现教学内容,由抽象到形象,从单一到丰富多彩,更容易引导学生进入具体情境中所描述的课文,拉近文本与学习者之间的距离。

以《壶口瀑布》为例。面对美,人们的感受是不同的。在景物描写方面,本文视角独特,层次分明。为了能让学生更直观地理解文章对壶口瀑布多角度的描写,在讲解每一段的内容时,教师都配以与文中描写一致的图片。如,简略描写雨季的壶口瀑布时,作者采用的是常见的站在河岸上俯视的视角,虽然能感受到黄河的气势,但这种感受是模糊的、疏远的,甚至是"可怕的"。在阅读这一段时,教师给学生展示俯视角度拍摄的壶口瀑布,从整体上看到黄河的水势汹涌磅礴。在对枯水季的壶口瀑布的描写,作者采用定点换景的写法,立足点是"河心",先写水,后写石,视角反复转换。在教学中,则按照作者先俯视龙槽,再仰观河面,看巨瀑之源头,随河水由上至下的视线变化,分别展示相关的图片,使学生能够在图中找到作者所描绘的景物和视角的转变,进而比较容易的总结出作者描写的顺序。随着视角的变换,体会作者笔下景物意境的不同,进一步学习作者写景的方法。

这样的教学活动充分调动了学生的视觉感官,在形象丰富的图画面前,学生进入了一个较为亢奋的学习状态中,学生的思维也变得活跃起来。

依照教学内容和目标,利用数字化技术,创设符合学生心理和认知水平的教学情境可使学生在探究的过程中提高学习兴趣,激起情感上的认同,心无旁骛地投入学习;有利于发挥学生主体作用,实现师生交流合作,共同解决问题;让学生饱含着丰富的情感实现个性的阅读体验。

二、研究言语形式,实现初中现代写景写物散文的深度学习

现代写景写物散文文辞优美,易读可感,对初中生来说是较好的言语阅读素材。在深度学习的背景下,要有效发挥教师的主导作用,做好教学引领,帮助学生不断提高阅读的获得感和效能感,按照整体分析、动态把握、重点突出、阅读感悟的原则和方法,灵活施教,突出学生在阅读教学中的主体地位,在潜移默化中提高学生的阅读水平、赏析能力、表达技巧和情感品位。

散文是常见的文学阅读形式。它们文辞优美,形神兼备,描写细腻,很多文章都是经典篇目,也都是传统的散文教学素材。写景写物散文是散文中的重要类别,也是各类语文考察青睐的文学样式。借景抒情、托物寄情等常见的散文表现手法的运用,使这类散文的可感性更强;再加之此类散文大多文辞优美细腻,使读者更喜欢,更爱读,更乐于学习、思考和探究该类文本。

但是如果教师总是以一成不变的教学方式来解读文本,来教一波又一波的学生,那再优美的散文也会被我们越嚼越没味道了。

深度学习告诉我们,教师在备课和组织教学时要关注到"学习对象""学生的学习机制""对学习对象的深度加工"等内容。因此,教师在教学过程中要重视上述要素在学生学习过程中的联动与效率,要结合学生的实际进行相应的变化和调整,深入研读文本,采取更新颖更有效的教学引导方式帮助学生感知、理解、内化教学内容。

（一）言语形式研究在散文阅读教学中的意义

通常情况下，我们往往会按照从点到面的方法来进行语言品析。一般基于以下四个层面展开教学：体会加点词的表达效果，品析句子的修辞及表达效果，分析语段内容及写作手法，体会思想情感。但实际教学中这种以点代面的方法往往会将文章肢解，管窥一隅，难见泰山。学生可以直观地把握词的特点——或动词、或拟声词、或叠词，但进一步体会词语表达效果就成了难点。语句分析亦是如此。学生只是机械地套用答题套路，很难真正将文章读进去。在写景写物散文教学过程中，我们常常要求学生想象句子描绘的情景，回答问题。但这样的提问过于泛泛，空间过大，更不易激起学生的学习兴趣。

现代散文都用现代白话写成，学生在阅读时不需要字面转化，不存在字面隔阂，这为散文阅读教学提供了灵活的空间。所以无论是在阅读还是在教学设计层面往往忽视了言语形式对散文的意义。

余应源教授指出："在语文课中言语形式处于矛盾的主导地位，是语文课独立于其他课程之外的根据。否定语文课立足言语形式，就从根本上否定了语文课言语形式由三部分组成，具体内容指语言形式（字、词、句）、言语交往活动形式（听、说、读、写）、言语表现形式（言语行为方式、言语表达方式、语用规则、修辞逻辑、话语结构形式、语体文体形式）。"[①]言语形式是读者接触散文的第一步，透过对言语形式的阅读、感知和领悟才能深入文章内涵，把握作者情感。

对散文言语形式的研究有利于目标导向的确定，有利于教学内容的整合，有利于学生语文能力的提高。因此，我们需要在深度学习理念指导下，重新调整散文教学方式，关注散文言语形式对散文教学的价值，探究把握言语形式对文本理解的新途径，为学生更好地阅读理解文本打下坚实的基础。

---

① 余应源：《语文教学的立足点是什么？立足言语形式：老问题，新角度》，《中学语文教学》2002年第12期。

（二）教学策略探究

深度学习下，教师要反思以往教学中的不足，以深度学习理念为指导，以发展核心素养为基点，切合学生学习实际，重新统筹文本资源，重新规划教学内容和教学方式。在写景写物散文教学过程中，教师可以遵循整体分析、动态把握、重点突出、阅读感悟的四面教学法，适应写景写物散文情、景、理融会的特点展开教学，以期实现写景写物散文教学的自然度，使教学氛围与文体特点相融合。

1.整体分析

首先必须有通读全文的过程，要让学生先入为主地对课文整体有所感知。学生先拿到的是整个蛋糕，再切分食之。

以《雨的四季》为例，本文写的不是特定时空中的雨，而是展现雨在四季的不同形象和特点以及人的感受。本文是一篇自读课文，在组织学生自读研学时，学生应在对"雨"这一意象的多重意义有所理解的基础上，再来分析不同季节的雨呈现出的不同特点。自然形态的雨可见、可感、易理解；而雨的精神内核，雨代表的是作者的诗情、境界和审美情趣，它们相对抽象，在含蓄语言描绘下，更需要对人的情感内蕴有整体感知后，才易于深入理解品味。所以要先发现共性，才能深入情境。

《紫藤萝瀑布》《一棵小桃树》都用了托物言志的写法。紫藤萝和小桃树不再单纯，它们是作者情绪、情志的寄托，如果没有整体阅读过程，就会割裂眼前与回忆，可能一节课下来，留给学生的只是片段化内容，感知情感的阶段难以真正达成效果。

整体阅读不是单纯地通读课文，要让学生带着问题读课文，要深入文本情境、教学情境读课文，从整体上把握语言文字的风格和意蕴。

例如，《紫藤萝瀑布》一课，首先让学生在朗读课文的过程中，边读边对照想象：如果有一丛紫藤萝花出现在你的面前，你会从哪些方面来描写它?——可以通过设计整体关照性问题的方式引领阅读,引导学生边读边有意识的关注、提炼要点,调节整体感知与分层研读的关系,做到学有所引,做好读有所导。

2.动态把握

虽然同是写景写物的文章,但每篇文章各自呈现出的特点不尽相同。这需要我们在抓住共性的同时,注意结合文本个性、结合作品风格设计言语教学,以整体为纲,以字、词、句、段赏析为目,动态把握教学内容和学情。例如,在《壶口瀑布》的教学中,在整体阅读的同时,让学生边读边找出自己喜欢的语句,自行分析;不局限角度,更多地从自我欣赏角度品析语句。

在动态把握层面,应鼓励学生个性化的言语赏析探究,鼓励学生有自己独特的阅读感悟和人生感悟,提升阅读体悟的天花板。

3.重点突出

如果只有整体感悟,那这样的品析是泛泛的、浮于表面的;如果只强调学生自主感悟,没有教师的引导,那这样的品析是无的放矢的。在学生对课文有一定的印象和认知之后,即需进入细读品味阶段。以汪曾祺的《昆明的雨》为例:

(1)重点词语品析

此时要引导学生注意词语语境意义的把握,抓住有"格调"的词语,注意其提升语言和意义"格调"的作用。

例如:青头菌比牛肝菌略贵。这种菌子炒熟了也还是浅绿色的,格调比牛肝菌高。

在"格调"这个词的品析过程中,可以先体会语境义,先问问学生这句的言下之意是什么。因为此句是对食物的描写,味蕾的感觉更直接,可以先引导学生体会青头菌更好吃;进而联系"炒熟了也还是浅绿色的"中"也还是"引导学生想见青头菌的色泽。在学生建构感性认识之后,再谈使用"格调"这个词好在哪里,再来谈语言运用技巧。通过这类现实语境的言语品析锤炼,不断引导学生学习言语使用,学习语言表达。

(2)特征化言语品析

这里的特征化言语指富于修辞特征、写作特征的词、句、段。

例如:一棵木香,爬在架上,把院子遮得严严的。

这里要抓住"爬""遮"两个动词来赏析。这两个动词将木香动态化、拟人化,表现了木香的茂盛。此句学生易想见情景、易理解意义,属考试常见的类型句。

这里呈现出了一种递进式线型言语形式体悟过程——捕捉有特点的词,进而抓住句子的形象特征,体会语言表达效果,学习语言运用技巧。

(3)思想情感本位品析

语言是思想情感的外化。言语的品析不能脱离文章的中心,不能脱离文章情感的表达。只有立足文章的思想情感的言语品析,才能做到不偏不倚、张弛有度。绑定思想情感的言语形式才是我们要抓牢的突出重点。

例如:卖杨梅的都是苗族女孩子,戴一顶小花帽子,穿着板尖的绣了满帮花的鞋,坐在人家阶石的一角,不时吆喝一声:"卖杨梅——"声音娇娇的。她们的声音使得昆明雨季的空气变得更加柔和了。

在教学过程中,笔者将这段文字删去,再让学生朗读写杨梅的这一段,学生并没有觉得有违和感。作者就杨梅说杨梅就好,为什么要插入一段关于卖杨梅的苗族女孩子的描写?

要想回答这个问题,首先来品析第一句话。

按照句式分析的程式,学生可以比较容易地说出第一句用了外貌、语言描写,生动形象地写出了卖杨梅女孩的娇美情态。

进而联系第二句:"她们的声音使得昆明雨季的空气更加柔和了。"由女孩们的声音联系到昆明的雨季特点,联想到共同特征,进一步结合本文的思想情感,学生便可以理解插入写卖杨梅女孩这一段描写的妙处——一方水土养一方人,昆明雨季的柔美酝酿了女孩的娇美,女孩的娇美衬托了昆明雨季的柔美,抒发了作者对昆明的怀念、喜爱之情。

这样的言语品析理解在一定程度上有赖于在整体阅读基础上对文章思想感情的基本认知,在不偏离主旨的前提下,很自然地就可以由女孩联系到主旨,理解水到渠成。因此,言语形式的分析与理解是在把握主旨基础上的整体阅读与重点阅读相辅相成的结合。

4.阅读感悟

一切言语形式的品析、理解都要以"读"为基础,脱离文本、脱离"读"的品析是无本之木,理解更无从谈起。应以多种手法的"读"的综合运用为引导,注重"读"中的情感体验和情感共鸣,多层次地以"读"带"品",以"读"带"研"。

在《济南的冬天》的教学中,首先默读勾画。引导学生分别用不同的符号画出"感受到的济南的冬天""想象中的冬天的济南""作者看到的冬天的济南""济南人对济南的冬天的感受"的语句。其次,分别朗读这四个方面的内容,但初读效果平淡,进而对有特征的语句进行言语分析,引导学生加强理解感悟。再次,小组互读,相互学习,提高朗读质量,评选出朗读达人。最后,小组代表有感情地朗读展示。在逐步地反复地朗读过程中,学生对文本的领会体悟逐步加深。

(三)策略应用原则

同是写景写物散文,但因所描绘的景物事物不同,作者的情感经历不同,言语风格不同,带给读者的阅读体验也不同。因此,整体分析、动态把握、重点突出、阅读感悟的四面教学法不是各自孤立地应用,应统筹规划,分层展开,根据不同文本灵活选择教学的侧重点,有针对性地选择适宜的教学方法。

"深度学习"告诉我们,教师要引导学生抓住教学内容的本质属性、全面把握知识的内在联系,引导学生学会知识的迁移与应用。写景写物散文可读性强,可感性强,易于阅读实践拓展。因此,在写景写物散文的言语形式的教学过程中,教师要通过例文阅读引导学生举一反三,进而能会读文本,发觉文字的妙处,并运用到自己的语言文字实践中去;从而通过此类文本在一定程度上帮助学生提高阅读水平、赏析能力、表达技巧、情感品位,更好地落实核心素养的培养目标。

三、创造性地突破阅读障碍,实现散文的深度学习

学生在进行散文阅读时由于个人知识积累和经验的不足会产生阅读障碍。这些阅读障碍会制约学生思维和思想的深度发展。教师的职责在于发现学生在散文阅读中可能出现的阅读障碍,积极引导、推动、转化学生已经碰到的阅读障碍,在引导学生一步步突破障碍、迎难而上的过程中,学生会获得发展。师生在解决"阅读障碍"的过程就是引导学生不断实现深度学习的过程。

现代散文在部编教材中占比较大,是语文学习的重点。虽然现代散文都是白话文,学生阅读不会觉得晦涩难懂,但是学生由于生活经验和知识基础的限制,仍然会在散文阅读中产生诸如词句理解障碍、思想情感内涵理解的障碍,甚至有些看似不甚重要的标点符号问题也会造成学生的阅读障碍。教师引导学生阅读散文,促进学生进行深度阅读,就要创造性地突破学生在散文阅读中可能遇到的阅读障碍。这样才能推动学生在课堂学习中对文本内容进行深度挖掘、反复涵泳,体会其中蕴含的真情实感,获取思维和思想的发展,实现深度学习。

下面就散文阅读中引导学生进行"深度学习"的一些实践进行阐述。

（一）教师要善于发现"阅读障碍",为学生深度学习奠定基础

"阅读障碍"是学生在阅读中必然会遇到的问题,也是制约学生实现深度挖掘文本的绊脚石。学生对文本的阅读往往浅尝辄止,不容易深入到文本内容的深处。有时学生阅读散文时感觉语言文字顺畅达意,清晰明白,似乎没有"阅读障碍"。其实这可能是学生的语言理解力浅显,没有深入理解文章。

他们仅仅停留在表面上自己认为懂了,其实文章中很多精妙之处都没有进行深入挖掘。

这时,如果教师能在自己深度阅读的基础上,主动发现学生可能会有的"阅读障碍",并立足这种发现来引导学生进行文本的阅读,就会引发学生的深度思考,促进学生阅读文本时思维不断深入,并由此指导学生构建有效的阅读方法。

这需要教师转变自己的知识观,从学生个体的发展需求来深度解读文本,对知识进行理解性和转化型地处理。

1. 教师要主动发现学生可能存在的"阅读障碍"

教师要通过对知识进行深度的解读来实现学生发展的深度。教师对知识的解读不能仅仅停留在文本的表面理解和分析,还应该探究知识背后隐含的学科思想、学科方法、情感态度及意义,并思考如何有效地实现知识蕴含的学科思想、学科方法、情感态度、意义对学生成长与发展的影响。[①]

"创造力总是垂青有准备的人。"教师在授课前就要做这个"有准备的人",教师要在授课前对文本有自己深入地理解和分析,带着个人的思考去解读文本,发现文中的阅读障碍。在教学中教师将自己的认知和思想融入教学。引导学生对"障碍"之处进行深度思考来培养他们思维的深度;与学生在课堂中进行思想的碰撞,使他们的学习过程丰富和完善,并逐步走向深入。

比如《秋天的怀念》一文,作者表达对母亲的深情,是把母子之间的情感始终放在一种错位的状态,母爱的无私和被爱的自私在相反相成中展现,形成矛盾中的统一。母亲倾尽全力爱孩子,关爱孩子的身体也培育孩子的思想。在自己罹患癌症时刻仍然默默承受身患残疾的孩子的歇斯底里。在爱的天平上母亲是一种绝对的重量,就是在这种失衡之中刻画了母爱的无私、包容和坚韧。也恰恰是这种绝对无私厚重的母爱,在失去的那一刻才让史铁

---

① 郭元祥主编《深度教学研究(第一辑)》,福建教育出版社,2019。

生追悔莫及,这种无法弥补的错误时刻刺痛他的心,以至于后期史铁生的很多文章都表达出对母亲深深的怀念和愧疚之情。

《秋天的怀念》一文作者在激烈的矛盾冲突中展现对母亲的情感,强烈的情感始终贯穿母子之间的对话、母子所有的动作和神态细节中。

在此文的授课中,教师首先要深入文本内部的深刻内涵,要善于抓住学生可能出现的"阅读障碍"来设置提问,引导学生进入到文本内部的学习。教师发现"阅读障碍"和学生解决"阅读障碍"的过程就是深度学习的过程。学生在探究的过程就不会只能体会到"母爱"这个层面,他们会进一步深入思考"母爱"背后蕴含着作者对母亲的情感,以及母亲和不懂事的孩子之间的情感失衡。

教师可以抓住"母亲喜欢花,可自从我的腿瘫痪后,她侍弄的那些花都死了"这句话引导学生深入分析作者为什么要写"花都死了",还可以抓住"可我却一直都不知道,她的病已经到了那步田地"。引导学生思考为什么"我却一直都不知道"。通过这样的分析,中学生自然就会发现母子间情感的错位,无私和自私一目了然。这样的情感态度价值观对学生的一生都会产生积极的促进作用。

2.教师鼓励学生自主发现"阅读障碍"

教师要鼓励学生自主发现"阅读障碍"。教师要借助具有思辨性的问题,培养学生自己提出问题,进而明确自己的阅读障碍。学生能够自主提问就说明学生已经进行了关乎文本的有创意的思考。教师要激发学生深度解读文本,不妨在课堂上有意识地、持续地让学生去找找文本中的阅读障碍,提出来,大家可以议一议,这样的训练形成习惯,学生自然就会有所得、有所悟并获得愉悦的享受,并由此产生阅读散文的兴趣和提出问题的习惯,这就是学生的深度学习的过程。

比如《老王》一课的学习,教师可以引导学生思考杨绛先生对老王的情感,询问学生围绕着文本的情感能不能指出自己在理解上有难度的地方。这个过程是教师引导学生找到阅读障碍的过程。当学生提出阅读障碍以后,教师一定要给予鼓励和表扬,在正面评价的反复刺激下,学生会逐渐将自己在阅读中的障碍提出来,形成一种思维的习惯。

教师就着学生提出的"阅读障碍",顺势引发学生积极深入探究文本中"愧怍"一词的深刻内涵。

师生在讨论中就会发现文章中情感发展的三个层次——"宽容、包容、怜悯",俯视的视角;"感谢、感激",平视的视角;"感激、愧怍"仰视的视角。

这时教师借助层层提问继续引导学生向文本深处去挖掘。教师引导学生思考在文中杨绛先生确实给予了老王很多物质上的帮助。但是杨绛先生的付出和老王的付出是否对等? 这是一个具有思辨性的问题,很容易就引起学生的争论。在学生的争论中不仅指向了文本深处的思想内涵,也潜移默化地引导学生去逐步形成语文的学科思维和思想。

杨绛先生一家对老王的帮助难能可贵,可是一旦与老王最后倾尽所有的馈赠比较,就显得老王的精神尤其可贵,但是遗憾的是作者当时并未发现老王精神的高贵,杨绛觉得这样暴露了自己拿钱去表现自己的清高,正是基于这样的思考,作者觉得"愧怍"。行文到这里,作者开始"仰视"老王。

这就是作者情感发展的意脉。这条意脉的分析就是从一个"阅读障碍"中生发出来。教师层层追问:"愧怍的含义是什么? 作者已经做得很好了为什么还要愧怍? 散文中凸显的'愧怍'之情是从何时何事开始?"在"有障碍"之处引领学生品味语言、领略魅力、激活思维、开阔视野,丰富文化思想的积淀,切实将深度学习在课堂教学中落地。

(二)教师要善于转化"阅读障碍",激发学生深度学习的兴趣

阅读是学生的个性化行为,又是学生的创造性行为。学生通过阅读可以获得独特的感受、体验和理解。不同知识基础的个体对文学作品都会有自己的体悟。教师要做的是引导学生能积极主动在自己阅读水平基础上深度解读文本,从而获得更具独特性的见解和审美乐趣。但是学生在阅读文章时往

往往会由于个体"阅读障碍"的限制而使得阅读过程变得枯燥无味。所以有智慧的教师一定会巧妙地转化"阅读障碍",让无趣变为有趣,让死板变为灵动。教师在创造性地解决"阅读障碍"的过程中培养学生思考问题的积极性和学习知识的自信心,唤起他们在学习中的主体意识,为学生自主进行深度学习做好铺垫和准备。

1. 让"阅读障碍"转化为学生有趣的寻觅

《雨的四季》中有一个句子"小草似乎像复苏的蚯蚓一样翻动,发出一种春天才能听到的沙沙声"。教师提示学生抓住"沙沙声"这个形象的听觉描写。这个句子一下子就写出了小草随风翻动和互相摩擦的形象声音。只有细致的聆听和观察才能发现如此美妙有趣的情景。类似这样饶有兴趣的句子还有很多,教师抛砖引玉,激发学生的兴趣,让学生自己从文中再去寻觅类似的词句并结合自己的理解进行分析。

2. 让"阅读障碍"凸显为作者独特的匠心

《昆明的雨》中有一句话:"乍一看那样子,真叫人怀疑:这种东西也能吃?!""这东西这么好吃?!"这两个句子,作者在文末都使用的标点"?!"。这在一般的文学作品中并不常见,课时文章在一个段落中出现了两次,事出异常必有深意。学生在阅读时会在此处遇到障碍,或者根本不会发现这两处巧妙的标点。

教师此时只需一个问题:"作者为什么这样使用标点?"就可以引导学生注意到这处的标点的特殊之处,学生一看便会觉得很有趣味,好奇心一下子被调动起来,马上就会进入深度思考。在思考中,学生会发现"干巴菌像牛粪和踩破了的马蜂窝"这样的外形着实不符合常人的审美,确实也难以下嘴,所以自然会有疑问和惊叹"这种东西也能吃"。所以作者用了问号表示疑问,用了叹号表示惊叹。在趣味的推动下,学生继续深究文中第二处问号叹号连用处,"这东西这么好吃"?! 前者是难以置信的惊艳,后者则是感慨万分的折服。这样的标点一下子让平淡无奇的句子丰富起来,这也是作者创作文章时的匠心独具。

教师在教学抓住学生可能遇到"阅读障碍"这个切入点,在教学中引导学生发现,由此激发学生强烈的好奇心和阅读兴趣。在强烈的阅读动机的刺激下,教师引领学生阅读文本,既可以有效地促使学生进行对文本的个性化阅读,又能在提出问题与解答问题之间,创造性地解决阅读障碍,让学生走进奇妙的文字世界,发散性思维能力和逻辑推理能力得到提升,实现深度学习。

(三)巧妙利用"阅读障碍",形成学生深度学习的动力

散文中有许多内容并不只是作者通过文字呈现给我们的表面意思,还有很多蕴含在文本内部的深刻内涵,这些内涵作者并没有直白地说出,但是这些没有说出来的意思,没有表达出的感情,恰恰是作者想要传递给读者的重要信息。这些隐藏在文本深处的内容就是学生的"阅读障碍"。这些阅读障碍是阅读中的难点,有的时候学生有畏难情绪,就选择了放弃,或者就这么磕磕绊绊地读个大概。这就是为什么在平日的阅读练习中,学生的回答往往答非所问或者回答有疏漏的原因。

为了避免让学生的散文学习流于泛泛而谈,师生都要抓住这些难点,直面阅读中出现的障碍,于深入处浅出,一步步层层设计学习环节,引导学生读懂这些内涵丰富、思想深刻的内容,体会文本中这些弦外之音的内容,在解决难点中收获阅读的喜悦,这其实就是对散文内容的深度学习。

学生对文本的理解和感受,是凭借自己的"阅读经验和期待视野"在与作品的全方位接触中进行和完成的[①]。因此,当学生的阅读经验不足时,就无法识别出阅读障碍,当然教师就会认为这正是语文教学应该教的内容。灌输肯定不是一个还方法,怎样避免呢?

---

① 王荣生:《语文课程与教学内容》,教育科学出版社,2015。

1.教师要巧妙利用"阅读障碍"提问

教师发现阅读障碍后,要深入思考解决的方法。我们要换位思考,我们思考学生如果要得出一个结论需要怎样的思维过程。教师在了解学生的基础上,有针对地提问,才会让学生的思维正常且有深度地进行学习。有时,学生无法答出正确的理解时,是因为教师的问题设计存在不合理的因素。

如:《阿长与〈山海经〉》的教学中,把握作者情感中"歉疚"之情是一个难点。因为"怀念、同情甚至祝福"学生都可以在阅读中随文体会出来。唯独这个"歉疚"之情从何而来呢? 其实这是一个知识分子的自省意识,也是作者用成年后的视角去审视反思这件事的真实感情。这样的感情表达由于学生的阅读水平有限不太容易捕捉到,就需要教师利用巧妙的设问来引导学生深度解读作者的情感。

教师在提问的时候可以抓住《阿长与〈山海经〉》中"我终于不知道她的名字……"这句话引导学生思考鲁迅先生通过这句话到底想要向读者传达怎样的情感……

这句话的位置出现在文章最后两段,是作者的思绪从三十年前回到现实后的再次强调,这句话中蕴含了"歉疚和同情"的情感。教师让学生围绕这个句子展开思考。这样就抓住了学生对未知知识想要探究的心理,激发了学生的学习兴趣。

2.教师要巧妙利用"阅读障碍"开展活动

散文学习中遇到障碍时,我们不妨转变思路,就势开展一个学生喜闻乐见的活动,这样学生的学习兴趣自然而然被调动起来。这看似简单的语文活动,其实巧妙地发挥了散文文本的别样功能,凸显了语文教学对学生思辨性的培养,也体现了语文学科的学科方法和意义。

再如:《背影》中"将橘子放下……心里很轻松似的"。

教师引导学生展开辩论:"心里很轻松似的"——父亲真的轻松了吗?

在辩论中,学生会发现"母亲去世、工作交卸、家境败落、儿子远行,这一切都像一座山压在父亲的肩上,他怎么会轻松"呢?

学生还会发现"可是他扑扑衣上的泥,显出很轻松的样子"。父亲面对儿子的不屑、暗笑和顶撞,毫不在意,反而显得"很轻松似的"。此刻的父亲想要弥补对家人的亏欠,而跨越站台买来橘子,父亲觉得为儿子做了事情,虽然只是小事,但足以让一心想弥补家人的父亲略微轻松了一些。

在这个教学片段中,学生思维在解决"阅读障碍"的过程中,自然深入散文内部,也深刻领会了父亲内心深处的真实想法,实现对文本的深度解读。这种深度的解读并不是一味追求教学内容的难度,而是增加教学内容的广度,尤其是扩展学生思维的广度和综合性。

发现"阅读障碍",转化"阅读障碍",利用"阅读障碍",教师创造性地突破学生在散文阅读中的障碍,引导学生深入把握文章内容,体会作者情感,学会鉴赏创造,探究知识背后隐含的学科思想、学科方法、情感态度及意义,帮助学生提高语言的构建和运用能力,并能引导学生将所学的内容应用到自己今后的写作实践中,在写作中进一步深化自身在深度学习中获得的思维和思想的发展,让学生能够具备真正的语文能力。

第四章　作文教学的探索

语文教育以人为本,以人的言语生命、精神生命教育为本。语文教育是人性的唤醒和回归。潘新和说:"人因表现而存在,人因立言而不朽。写作,使短暂的生命超越时空、光耀百代。""语文:指向表现与存在。不以此为目的的语文教育,便是低效、无效教育。"①

法国哲学家萨特说:"我只喜欢词语,我将在词语天国那蔚蓝色的眼睛的注视下建造起话语的大教堂。我将为千秋万代而建造。……将来人类灭亡了,而我的作品仍将在破败的图书馆里继续存在下去。"②正如大师所言,语文教学归根结底就是作文教学,只有写作能够让精神永存。

因此,对于语文教师而言所有教学的目的应该指向一个,那就是全面提升学生的写作素养,而学生写作素养的提高根本上是应该基于自身的领悟和系统的培养才可以做到。

作文教学的改革一直在路上。引导学生表达生活抒发真情的作文教学实践也一直在路上。早些时候一直为人诟病的套作现象,随着教学改革的不断深入渐行渐远了,现如今作文教学到底要怎样实施,作文教学如何让学生将"语文学科素养"的提升落到实处,这些都是语文教师必须面对和思考的问题。

---

① 潘新和:《不写作,枉为人:潘新和语文学术随笔》,福建教育出版社,2015年,第6页。
② 潘新和:《不写作,枉为人:潘新和语文学术随笔》,福建教育出版社,2015年,第5页。

第一节 精准实施作文教学

课堂教学是师生共学生习的过程,是一种目的性非常明确的过程。在课堂教学中,教师要明确教学的关键点,通过实施精准的教学来引导学生掌握知识、技能,提升学生的语文素养。

作文教学的关键点,概括来说就是"写什么"和"怎么写"两个问题。下面结合教学实例简述。

一、写什么——学会审题

写什么就是通过审题来知晓命题者的意图。审题,就是深入思考和反复推敲作文话题(包括材料),以求理解其含义,弄清写作的具体要求,确立写作中心,确定写作范围和重点,确定下笔的角度及感情抒发的基调,明确写作方式和方法的过程。

从上述文字表达中可见,审题既要审题目,更要审作文题目中所给的材料。教师在日常和考试的作文训练中发现学生一般在审题上会出现如下问题:粗心漏掉一些关键词,看不懂或不能明确材料或题目中的关键词,对关键词的含义在理解上出现了偏差。

比如,2018 年河东区一模试卷中的作文题目"有些事情,表面看起来我们好像不在乎,其实挺在乎;有些事情,表面看起来很在乎,其实并不在乎。在乎与不在乎,其实都在于自己内心的真实感受。"请你选择《其实我在乎》或者《其实我不在乎》,其中一个为题,写一篇不少于 600 字的文章。

这个作文题目需要学生认真思考,把握写作的范围和重点,更需要学生理解关键词的含义。学生们惯常使用的套作方法不灵了。

标题中的"其实"一词,含义是承上文转折,表示所说的是实际情况。也有实在、确实的意思。如果学生选择"其实我在乎"这个题目。第一点,作文要反映出的实际情况是对某人、某事、某物"在乎";第二点,要有上下文的"转折";第三点,关注在作文材料中的一句话"在乎与不在乎,其实都在于自己内心的真实感受"。

因此,作文一定要写自己内心的真实感受,写别人的,或者通篇文章作为一个旁观者几乎没有参与到事件中的作文就是没有把握住作文要求的写作范围和内容。

综上分析可知,作文审题非常重要,教师一定要重视在日常作文教学中引导学生学会审题的方法。

(一)审清材料

梳理十几年的中考语文作文题,其形式都是一段材料的叙述之后,再明确作文题目。题目或者是命题作文或者是半命题作文。

2018 年出现了自拟题目的作文题型。这些作文题中的材料往往是一段话,在材料里会提示作文创作的主旨和范围。

2018 年天津市东丽区模拟试卷作文题目"现代生活,密码与我们紧紧相随。微信、QQ 登录,电脑开机,自行车开锁,银行取款,甚至进入楼道都需要密码,其实用密码的地方远不止这些,成功有他的'密码',走进朋友的内心需要'密码',与父母的沟通也得输入正确的'密码'……"请以《密码》为题,写一篇文章。

教学中引导学生抓住材料中"其实"一词后面的内容,不难发现在作文内容的选择上,我们应该写的是加引号的"密码"——成功的密码,走近朋友心灵的密码,父母沟通的密码。这个密码可以是一句励志的话语,一件特殊的物,一个动作,一个笑容,也可以是生活中的一次失败,一次挫折等。学生还要深入思考"密码"的作用。密码可以破解隐秘的信息,打通沟通的桥梁,深入了解密码背后隐藏的真相。

在作文创作的过程中,学生应该写出这个密码是什么,密码解决了什么,自己收获了什么。这个密码可以激活沉寂的心灵,可以消弭友情的危机,可以理解父母的深情……在自己的成长过程中获得重要的人生启示,这个启示对自己的未来和发展有怎样重要的作用,甚至可能对社会的和谐、人际关系的构建都有重要的作用。

(二)审清题目

1.命题作文如何审题

命题作文在审题要注意分析"题眼"。

分析题眼,把握住作文题目中的题眼,也就抓住了文章要突出的重点。在抓题眼的过程中要注意作文题目中的修饰词语、限制词语以及具有比喻性的词语,这些词语往往对写作范围起着约束限制的作用,是文章的特殊要求。

2018年天津市北辰区的模拟卷作文题目是"刷新自我"。我们抓住"刷新"一词分析就会发现,刷新是使焕然一新,比喻突破旧的而创造出新的(记录、内容)等。以往的记录、水平已经被超过。作文中就应该交代出自我以往的状况是怎样的,成长中如何突破、创造,新的自我的状况又是怎样的,在突破过程中有什么收获、提高和成长。

我们还要引导学生分析关键的副词,把握写作的内容。比如"最""也""还""再""更""其实"等副词出现在题目中,我们一定要关注到,因为这些副词往往限定了写作的内容。

如2018年天津市河西区模拟卷的作文题目"这一次,做最好的自己"。"这一次"应该是某一次而不是多次。"最"说明自己以前可能有缺点和不足,或者以前自己发展的水平还不能令自己满意,现在通过某个契机自己有了突破转变。作文过程中就不建议学生把笔墨过多放在自己以前的状况,而应把重点放在描写自己是如何有新的发展和突破,现在自我的状况是怎样的,由此得到收获和启示是什么这个方面。

2.半命题作文如何审题

半命题作文也要审题、审材料。

半命式作文题,中间有空白,呈现残缺式,在这残缺短小的题面中,也隐含着不少的有用信息,有时命题者会通过题面中的某个字词或字词之间的某种关系,向学生暗示学生应表达怎样的主旨,抒发何种感情。

比如:题目1:享受_____的好时光,题目2:与_____共享好时光。

初看这两个题目都是享受好时光,细分析这两个题目其实有区别。享受的好时光。可以填读书、游戏、品茶、学习、锻炼等等。只要抓住"好时光"写出所补内容所带来的愉悦、美好的体验与感觉,写出在享受好时光的过程中自己获得的品德修养、理性思辨、社会生活、文化情趣等方面的变化和提高就可以。

"与_____共享好时光"就要抓住"共享"和"好时光"两个关键词。除了要写出上述内容来,还要特别关注"共享"一词。共享就是分享物品或精神进行分享。

"与_____共享好时光"这个题目在填充时就要选择那些能与我们一起分享愉悦和体验,能与我们交流产生共鸣的对象。比如学生填充"读书"一词,变成"与读书共享好时光"或者"与书籍共享好时光"就不太妥当了。

所以,半命题作文虽然呈现的内容较少,可是审题的重要性仍然不可忽略。往往就是短小的题面也能给予考生很多重要的信息。(半命题作文审清材料与上文审题方法一样,不再赘述。)面对半命文题,我们必须整体揣摩作文题面所给的材料和题目,明确作文的主旨,以利正确下笔创作。

二、怎么写——学会创作

学生在看到作文材料和题目时会习惯性地想"我有哪篇作文可以直接套过来使用",甚至有的学生一篇作文用了若干年。一些老套和低幼化的素材甚至矛盾不严谨的素材都反映出学生素材匮乏、思维不活跃的特点。教师应该引导学生在平时抓住生活中的闪光点转化成自己的素材。在素材的选择上尽量要新颖有时代气息。学生自我本就处在生活中,作文创作贴近自我就是贴近生活,当然作文创作更要超越自我高于生活。

(一)贴近自我,超越自我

1. 贴近自我

生活是个人的精神经历,是私有的,贴近自我自然就贴近了生活。作文要写那些撼动过你的,引起你心灵痛苦、欢乐,筑起梦想,引发你的思考的内容。要写那些改变你原有的认知和思维的事务,哪怕只是一刹那的突发奇想,只要是深刻的,都能够孕育神来之笔的内容,任何小事都可以成为作文的素材。

曾经有一个学生写了这样一篇作文,题目是《最美丽的相遇》。小作者写的是一对母子在火车上遇到了困难自己无法解决,这时遇到了一位好心人,好心人帮助母子渡过难关。作文叙述很生动,但这不是贴近自我。虽然也是生活,但是这是别人的生活不是"我"的生活。

贴近自我,要求是贴近有年龄特点的自我,这个自我有秘密、有苦恼、有缺点,是一个有七情六欲的"我"。

2. 超越自我

作文要贴近自我并不是自我的照抄,一定要高于自我,要写出理想化的"我"。学生有时会在贴近自我、贴近生活的过程中完全照搬生活中的自我,将文章写成流水账,很难凸显亮点,自然不能打动人。

举个例子,《岳阳楼记》的作者范仲淹在文末写道:"不以物喜,不以己悲。"难道他真的没有喜悲吗?《苏幕遮》中范仲淹写到"酒入愁肠,化作相思泪"这不是也会"因己而悲"吗? 当然,《岳阳楼记》中写的是理想化中的范仲淹,一方面是文体的限制,另一方面,为了让阅读者情感产生强烈的震撼,故意塑造了理想化中的"我"。

余光中先生说过,文章中的"我",并不是"本我",而是愿望之"我"。超越自我只有在想象中也可以实现,只有在想象中才能真正地贴近自我、深化自我、超越自我。

（二）尝试在作文中运用多种描写方法。

作文内容切题了，学生也知道应该写什么内容，但是成文还是给人感觉平淡无奇，无法感动他人。这就要在"怎么写"上下功夫了。教师要引导学生重视在作文中恰到好处地综合使用多种描写方法为文章增色，让文章生动起来。

1.添加语言、动作、神态、外貌描写

围绕文章中心合理添加语言、动作、神态、外貌、心理等细节描写，让文章变抽象为具体，变平淡为生动。

比如有的学生作文中写道"父亲特别愤怒"。建议学生不要用这种非常概括抽象的词语"愤怒"来脸谱化人物形象，可以用切实可感的神态或动作描写来展现父亲的愤怒，可以着重写写父亲在愤怒时的表情、动作、皮肤脸色的变化等。后来学生的改文如下：

"父亲怒吼时脖子上的血管如蚯蚓般爬行蠕动，前额的碎发形成了一片阴影。我的指甲深深地嵌进手心，心中的怒意沸腾着，我盯着父亲那涨得血红的脸和脸上凸出的铜铃般的眼睛。终于，终于，我心中的不满爆发了……"

2.调动多种感官

记叙文写作追求的是生动和热闹，作者要用尽一切力量调动所有的感官，来生动地展现事件的全过程。

为了让学生理解感官运用在文章中的作用，结合《鲁提辖拳打镇关西》的教学，师生认真分析了文章中"三拳"的设计。让学生注意这三拳打在哪里，镇关西被打的感觉如何，这种感觉作者通过什么方法描写出来？生动形象的比喻修辞和多种感官的互通都是为了充分地写出被人物打位置的感受和效果。了解多种感官在创作中综合运用达到的效果，引导学尝试将这种叙述技巧借鉴到自己平时的作文创作中。

当时学生在课堂上借鉴"三拳"后的自我创作如下。

"这里除了满眼绚烂,还有满鼻的馨香,淡紫色的花海铺向远方,就连花香也似洋溢着淡紫色的气味,又像缥缈的乐音,陶醉着我在城市中几近麻木的五官。"

(三)作文要有设计感

前文所讲作文创作要贴近自我又要超越自我。源于生活超越自我才会让文章生动感人,人物形象也更加鲜明和丰满。其实,简单来说就是作文要有设计感。就好像小说中的人物,杂取种种合成一个。未经设计的文章往往只是素已,很难称得上是好文章。教师教会学生将生活中的素材进行筛选、加工、设计而形成作文是很重要的步骤。名家文章也是如此,我们的作文教学要善于将阅读与写作有机结合,挖掘名家名篇中的语言、内容和篇章结构的优点,引导学生将课上所学方法牵引到作文创作中,可以起到事半功倍的效果。

比如李白的《行路难》开篇"仿佛营造宴饮的欢乐气氛"后面紧跟着"不能食,心茫然""冰塞川""雪满山"前进受阻的郁闷和宴会的强烈的反差,这是第一次设计。而后"垂钓碧溪""梦日边"作者的情志又高昂了起来,但随之"行路难,行路难,多歧路,今安在?"作者又陷入了迷茫的境地,这是第二次设计。为什么要这样一波三折,其目的是唱出整首诗的最强音也就是最后两句。试想如果没有第二次设计,从"垂钓碧溪""梦日边"上升到最后两句最强音,效果就会大打折扣。教师要善于运用教材中的文章来指导学生作文。让学生注重在文章的语言、内容和结构上进行设计。鼓励学生大胆尝试,哪怕能写出一个亮点也会为自己的作文增添色彩。

(四)创作可以巧妙取法教材

叶圣陶先生曾这样总结语文学习,"得到阅读和写作的知识,从而养成阅读和写作的习惯,就是学习语文的目标"。同时强调了阅读和写作的关系,

"阅读是吸收,写作是倾吐,倾吐能否合于法度,显然与吸收有密切的关系"。可见阅读和写作在语文教学中密不可分,相辅相成。阅读是写作的基础,为写作提供丰富的养料;写作是阅读的延伸,是知识积累程度的反映。因此,在语文教学中我们应该将阅读和写作能力的训练和培养融合起来,实现共同的提高。

新课程标准和教材对初中各阶段阅读和写作方面都有不同的要求。这就需要语文教师熟知教学大纲,通览教材,有计划有目的地进行课内外阅读写作训练,切实做好每一篇文章的阅读和写作指导。培养中学生的阅读能力也是为提高学生写作能力奠定基础,因此语文课教学中,教师要善于从提高学生的鉴赏力入手,指导他们反复品味课本中的重点篇章,背诵精彩的语段,把握文章主旨、行文脉络,学习写作特色。教师在分析讲解课文的过程其实就是在引领学生理解作者的行文思路,感受作者的情感表达,体悟作者以何种方式来叙事传情、发表看法的。那么下面我将结合自己的教学实践来谈一谈如何将课文阅读和写作有效地结合起来。

1.从课文中学习如何深刻立意、恰当选材

初中学段的写作侧重于训练学生观察周围生活,写具事详情,抒真情实感。可学生们书写的事情却千篇一律,乏善可陈。写亲情,则离不开"父母照顾生病的我""长辈为我雨中送伞""家长伴我挑灯夜读";写友情,则永远解不开那"一场误会";写困难,就总是有学不完的自行车,包不完的饺子,缝不完的扣子,打不完的羽毛球……选材的范围狭窄而缺乏新意,总是在回忆小学的生活,吃小学作文的"老本"。

因此,选择恰当合理而意义深刻的事件则成为学生写作的一个基点。在记叙文和散文的阅读教学过程中,教师应侧重引导学生通过理解文章内容,感悟中心思想去体会选材与主题的密切关系,启发学生在阅读思考的过程中了解作者的写作意图,明确每一篇佳作都应唤醒人们心中的情感认同。

例如《散步》这一课,作者通过选取祖孙三代在田野中散步这一侧面,生

动展现了一家人互敬互爱,和睦相处的深厚感情,体现了尊老爱幼的传统美德。作者的选材角度小而巧妙。在教学过程中,引导学生把握散步中遇到了什么"分歧",一家人是如何解决的,学生们自然能够体会出一个道理:不管做什么事情应先考虑老人的感受,优先关爱他们。文中的"我"决定顺从母亲而委屈孩子,原则是一个"孝"字。而文中奶奶对孙儿的迁就却体现了长辈对孩子的关心和爱护。"尊老爱幼"这正是中华民族传统美德的体现。

文章分析到此,则很自然的上升到写法的解读,散步这一平淡小事折射出的却是中华美德,"以小见大"的写作特点便一下子被学生理解和接受,从而启发学生去关注身边有意义的小事,善于从这些小事中发掘深刻的道理。课后我以"我身边的'不文明'/'讲文明'"为主题进行练笔,意在鼓励学生去关注周围有关"文明礼仪"的行为,尝试用"以小见大"的手法去表现主题。学生们上下楼的脚步,教室外的"嚎叫",楼道内的一张纸,都成了学生笔下体现文明主题的"一小点"。

另外,《背影》一课也是选材视角独特的一个典范。作者为了体现深沉的父子之情,先后四次写到父亲的背影,不仅作者因之频频流泪,也令读者为之动容。从此,"背影"便成了父爱的典型代表,给人留下了难以磨灭的印象。亲人的"背影"是我们经常能看到又容易忽视的一个影像,而作者却抓住了父亲独特的"背影"作为切入点来表现父爱,这是因为作者展现的是最能让自己感受到父爱的瞬间形象,刻画之细腻、语言之朴实,无丝毫雕琢的痕迹,这正是作者感情的真实而自然的流露。

因此在写作练习时一定要鼓励学生说真话,诉真情,用心观察和体会身边的人和事,只有亲身经历过,才能感动自己,感动他人。课后,要求学生仔细观察父母或亲人的言行,攫取一个最能让自己感到舐犊情深的细节,进行具体描写,同时将自己的真情实感融入描写之中。学生们的思路得到了拓展,从只写雨中送伞、夜晚陪读,到开始聚焦父亲手上的粗糙、母亲踮起脚的慢步轻声……

2.从课文中学习如何剪裁布局、明确主旨

学生写作另外一个常犯的毛病就是主题不明确,中心不突出,文章没写到一半就有跑题的嫌疑。这是由于学生在叙事过程中没有紧紧扣住中心,忽略了所写之事与中心是否有关。合理地安排详略则是突出主题的重要一环。在阅读教学中我特别强调学生关注文章的详略,让学生独立分辨详写和略写的内容,并分析作者如此安排的原因。

例如《我的教师》一课中,作者写了七件关于蔡教师的事情,突出了教师的美好品格。作者在记叙这些事情时详略有当,不是每件事都一一详述,而是详尽写了令作者最感动,最感激的一件小事来表现教师对"我"的关爱,正是有了这份公平无私的爱,才让"我"对蔡教师更加难忘,更加热爱,使得"我"对教师的怀念感恩变得顺理成章。

再如《猫》这一课,作者之所以详细写了第三只猫被冤死的经过,正是要突出表现自己因妄下论断而迫害一条生命后的极度自责,从而发出人生的启示。而《背影》一课,作者也是详尽刻画了望父买橘这一场景中父亲的背影,因为这段描写是父爱的集中体现,每一个被放慢了的父亲的动作都凝聚了作者沉重而复杂的情感。

由此可见,与中心密切相关的内容一定要详写,与中心关系不大的内容则要略写甚至不写。同时提示学生,为了突出主题,可以写多件事,多方位地表现主题,体现详略的安排。

中心不明的另一个原因在于学生行文过程中容易"跑偏",把前文所写内容抛之脑后,越写离中心越远;有甚者,只在开头或结尾点题,中间的主体部分却无法充分体现主题,这都是因为学生没有注意到前后文的照应。文章内容要做到一气呵成,结构完整,其实就是用线穿珍珠,这条线就是文章的中心,珍珠则是紧紧围绕主旨的各件事。因此,在课文教学中,教师要求学生独立划分文章层次,归纳段落要点,总结结构特点。

例如在讲授《阿长与〈山海经〉》一课时,教师先让学生找出作者都写了关于长妈妈的哪些事,启发学生思考在写长妈妈买来《山海经》之前,作者写的那些事是否与主题无关。细细品读,学生就会发现作者写长妈妈的这些事表面看似是对长妈妈的不满意,实则隐含着对长妈妈美好品格的赞美,正是有了前面这些小事的铺垫,才有了长妈妈买来《山海经》后"我"受了霹雳一样的震惊和感动。这样一位封建社会底层妇女,大字都不识一个,却费尽心思为自己疼爱的孩子买来渴慕已久的书,怎能不让作者感激,怎能不值得怀念。可见,在写主体事件之前,前文的铺垫往往起到了推波助澜的效果。

再如《爸爸的花落了》,教师提问学生结尾隐晦地写道爸爸的去世是否让人觉得突兀,大家在阅读前文时有没有预料到爸爸很可能会离开人世。于是大家带着问题去前文找那些作者埋下的伏笔,结果发现每一个部分都有提到爸爸不久于人世的暗示。

又如讲授《猫》时,教师要求学生思考有什么原因造成了作者对第三只猫的误判,大家很快找到了第三只猫被怀疑的蛛丝马迹,进而思考第三只猫自身有没有原因。大家找到了前文中第三只猫的性格特点以及在家中的地位,这些细节其实都是作者提前构思好,为中心服务的内容。只有前文铺垫充分了,主题的表现才能水到渠成。

学生在自主解决问题的同时也懂得了写作不是将一些单摆浮搁的事情堆砌在一起,这些事情之间要有联系,要有详有略地统一在主题之下。在之后的写事练笔中,孩子们有意识地在几件事情中体现详略,让每件事情之间都有了联系和过渡,有的学生还尝试运用先抑后扬、前后对比的写法,使主题得到升华。

3.从课文中学习如何丰富表达,优化语言

学生写事如同记一本流水账,无悦人之景、无感人之情、无省人之理,无动人之言。一篇文章要写得"惹人喜爱"只会用六要素来记事是远远不够的,灵活运用多种表达方式才能为文章增色。于是笔者选取同一类型的文章来对学生进行专项训练。

例如,八年级上册的第六单元都是古文中写景的佳作,对于这一单元的教授则侧重写景方法的总结归纳,让学生明确写景要有顺序,有条理,不能毫无章法地随意而写。

又如在讲《三峡》时,教师要求学生思考作者是按什么顺序写三峡之水的,学生们从分析不同季节水势的变化中便可得出结论。显然,作者按照一定的规律来写景,井然有序。

《答谢中书书》作者写景也有一定的顺序,观察的视角由俯视而仰视再到平视,所写景物由静到动,由朝转暮,时空变化,有条不紊。另外,写景还要抓住景物的特点,不求多只求精,例如《记承天寺夜游》中只一句巧妙的比喻便展现了月色皎洁空灵的特点,语言凝练而精辟,已无须多言。而《湖心亭看雪》中白描勾勒的湖中影子更是突出了雪后西湖的苍茫迷蒙之感。

当然写人亦是如此,要抓住最能展现人物性格和情感的特点来细致刻画。比如《芦花荡》中对老头子的刻画突出了老当益壮的英雄形象,《福楼拜家的星期天》则是一幅名作家的肖像群展,《孔乙己》中对孔乙己的外貌描写,《阿长与〈山海经〉》中对长妈妈的动作描写,《老王》中对老王的肖像描写等都值得学生们认真地去品味。分析人物形象的过程,也正是学习描绘人物方法的过程。当然各种人物、景物的描写中,最动人最深刻的当属细节的刻画,这就要启发学生细心观察生活,不放过"一言一动之微,一沙一石之细"。

描写可以丰富情节,使得叙事更加生动具体,而抒情议论则会让文章情真意切,韵味无穷。

例如《走一步,再走一步》是先叙事后示理的典型,这样的写法意在告诉学生,写事情之后还要加上一些对生活哲理的感悟,升华主题。也较容易被学生理解和运用。

另外,在学习《紫藤萝瀑布》时,教师要求学生总结紫藤萝的特点,进而思考作者所阐发的人生哲理与紫藤萝有何联系:正是藤萝花的繁盛如瀑才让作者领悟了生命不息的意义,从而振奋了精神。

此外《爱莲说》也是这一写法的典范,具体分析君子品质与莲花特点的一一对应,便不难理解。托物言志的写法是要让学生理解所托之物要具有所抒之志的象征意义,找到两者之间的关联,这样学生才能在习作中恰当地寄托事物来阐释道理。当然,景物不仅可以明志还可以抒情,婉转地抒情往往都可借景借物来传达。

例如《荷叶·母亲》作者借荷叶对雨中红莲的保护来表现母亲对孩子深深的爱。《社戏》中对月夜水乡美景的描写正突出了"我"看戏心情的喜悦与急切。古诗之中这样写景抒情的例子更是不胜枚举:《望岳》《春望》《渡荆门送别》《登岳阳楼记》等佳作,都是诗人将自己的情感融入了景物描写之中。需要学生们注意的是,所写景物的特点与作者的感情必须相吻合,而记事中的写景也并不是闲来一笔,它起着渲染气氛、烘托人物、推动情节、突出主题的作用,目的是要为表达主旨服务的。

此外优美的语言,流畅的表达也会为文章增色不少。所以在阅读教学中还要注意让学生多积累美言佳句。

以《观舞记》为例,这篇文章的辞藻丰富而生动,在字词教学中,教师以查找文中近义词与反义词的方式帮助学生们记忆这些优美词汇的意思,进而感受与之相贴合的舞蹈之美。另外,让学生从词语、描写、修辞、写法等方面独立分析自认为写的"美"的句子,多角度体会语言表达的魅力。这堂课学生们在优雅灵动的文字中完成了一场审美艺术的享受。课后要求学生模仿文中的语言,再现杨丽萍"孔雀舞"的美。

初中语文教材囊括了许多艺术价值卓绝的文学作品,指导孩子在品味鉴赏的同时撷取其中精湛的写作技巧并融会贯通到自己的作文中去,帮助孩子切实做到学以致用,会让孩子受益无穷。这些文章中值得我们学习的写作方法还有很多,在今后的教学中,还要更加系统合理地利用教材资源,结合课程标准的要求,有针对性地对学生写作加以辅导,为学生在迷惘的创作道路上点亮一盏明灯。

第二节 科学实施作文教学

《课标》中对写作指出："初中阶段的学生作文写作要能考虑到写作的目的和对象，记叙文写作要求内容具体。语文课程要全面提高学生的语文素养，丰富学生的语言积累，训练语感，具有能适应实际需要的听说读写能力。语文教学既要重视语文的熏陶作用，也要重视学生的独特体验。"

对于独特体验的表述方面，自然是写人记事对于初中学生的创作来讲更显得心应手一些。分析课标对学生语文学习的要求，我们发现写作尤其是记叙文写作能力的培养是初中语文学习的重要内容，更是学生语文素养的综合体现。

"记述人物的动作、变化，或事实的推移的现象的文字称为叙事文。"[①]叙事文是动的，时间的。"记叙文是各种文章中应用最广的一种文体。凡是把自己看见的、听到的、感觉着的、或是由想象得来的，无论是人的或物的动态和静态，以及事的变迁，用文字如实地写述出来，写述得活现而逼真，这就是记叙文。"[②]

记叙文是初中学生写作练习的重点，记叙文就是写人记事。一般情况下，学生在写作中会将生活中真实发生的事情，按照时间顺序来推进，但是成文后又往往词不达意或过于平淡、毫无趣味。其实由生活中真实的事件的发展变化最终成为文章，应该需要用到一些叙事技巧。比如我们叙述一件事，可以加入略微复杂一些的时空变化，厘清事情的因果关系，加入一些丰满的描写等，也就是将生活中的真实事件转变为波澜曲折的故事。文章的叙事是

[①] 夏丏尊、刘薰宇:《文章作法》,中华书局,2007 年,第 21 页。
[②] 谭正璧:《文章体例》,北京教育出版社,2014 年,第 1 页。

否有理法规矩,是否明确顺畅,是否波澜起伏等等直接决定叙事作品能否成功。所以,在初中阶段教会学生写作中的叙事技巧,引入必要的叙事学知识引导学生更科学地叙事非常必要。

叙事学自 20 世纪六七十年代从法国兴起以来,发展迅速。美国当代文艺理论家华莱士·马丁在其 1986 年出版的《当代叙事理论》一书中指出:"在过去 15 年间,叙事理论已经取代小说理论成为文学研究主要关心的一个论题。"①

叙事学,就是关于叙事文本的理论。承接着 20 年代俄国的形式主义,中间经过英美的新批评,与法国的结构主义相接。叙事学是法国结构主义的一个分支,是它的直接成果,它的发展超越了结构主义,是有着其自身的显著特征和研究对象以及方法的独立学说。叙事类作品自古有之,人们的生活就是在讲述的过程,在人类社会长久发展中不管处于何种历史时代,都会有与其历史时代相应的叙事作品。

学生从小就在阅读中成长,随着年龄的增长和各种媒体带来的刺激,学生主动被动地都在阅读。叙事类作品因为其独特的故事性更是学生阅读的主要内容。初中学生不必懂得叙事学的深奥理论,但是可以在日常的学习中巧妙地尝试一些浅显的叙事技巧为自己的作品增色。

一、借助叙述者(谁来讲这个故事)理论指导学生记叙文写作

作家在作品中往往会创作出不同的叙述者。作家在叙事的过程中会让这些叙述者承担着讲故事的责任。这些叙述者在作家和作品中间,他们是小说中贯穿始终的角色,虽然不是作者本身,却能够体现作者的思想和创作意图。他们通过不同方式的叙事来引导着读者认同作者的立场、思想、观点、审美……

---

① 严慧仁、李静:《论文学叙事的起源和基础》,《创作评谭》2006 年第 3 期。

比如《孔乙己》当中咸亨酒店的小伙计"我"。"我整天地站在柜台里""总觉得单调、无聊""只有孔乙己到店才可以笑几声，所以至今还记得。""我"的叙述，客观、冷酷。"我"之所以记得孔乙己，是因为能在调侃、奚落孔的过程中排解生活的无聊，一点儿对这个被封建科举制度戕害的读书人该有的怜悯和同情也没有。从"我"这个作者的代言人来看，他能体现作者鲁迅对孔乙己怒其不争的态度，但是这个"我"又绝对不是鲁迅，这个12岁的小伙计过于冷酷和无情的态度，既让我们能看到其自身已然收到受封建传统思想的影响，也能隐含猜到小伙计当时生活的教育环境和家庭环境，这些信息明显告诉读者"我"不是鲁迅本身。

作者有时会用一个或几个叙述者来代替自己讲故事。比如鲁迅的《祥林嫂》就有四个叙述者。第一个叙述者是讲故事的"我"，第二个叙述者是介绍祥林嫂背景的人"她死了丈夫，背着婆婆逃到鲁镇来鲁四老爷家做帮工"这是一个不知名的人讲的，是"佚名氏"讲的。"祥林嫂嫁给贺老六，额头撞香案角"是卫老婆子讲的，这是第三个叙述者。阿毛死了，故事是祥林嫂自己讲的，这是第四个叙述者。

现代小说的发展到现在最重要的变化就是多样化的叙述者。叙事文本分析中最核心的概念也当属叙述者。叙述者在文章中的表现程度、方式以及含有的选择，使文章被赋予了独有的个性特征。下面我们主要研究叙述者的多重角色，叙述代言人、戏剧化叙述者和旁观者。我们要借助这样的叙事理论来指导学生的记叙文写作。

（一）叙述代言人

小说中的叙述者是作者的代言人，这是一种古老的传统，也是小说的特点。作者借助小说中的叙述者来叙述故事，一般不会将自己的见解和对生活的理解直接传递给作者。从读者这一方面来看，作者好像就是将现实生活中的一切如实叙述。但是实际上小说中所有的内容无不渗透着、暗示着作者的观点。这个叙述者其实就是代表作家在发出自己的声音。而每一个读者也会不自觉地领会了作者渗透在文中的思想。

《蒲柳人家》何满子的奶奶在出场的时候就被叙述代言人定位于一位泼辣、好强、勇敢、直爽、守旧、忠厚的性格特点。读者自然也会先入为主带着这样的认知去阅读。这其实就是作者对何满子奶奶的看法。虽然通篇叙述者都没有出现，只是看似在客观公正地讲述这么一个故事，这么一家人，但是作品中时时处处都潜藏着作者的观点和看法。

学生在了解了这样的小说叙事技巧后，不妨跳出自己的生活，站在高处审视身边发生的事情。对事情的全貌了解之后，带着自己的观点再去加工自己的作品。在叙述的过程中把自己的理解和看法融入到叙事中，一方面可以在理解的基础上抓到叙事的重点分清详略，另一方面有了理性的思维就会使文章的内涵更加深刻。

（二）戏剧化的叙述者

戏剧化的叙述者就是参与到小说发展的人物形象同时他又担任着叙述故事的重要作用。在小说波谲云诡的情节中，戏剧化的叙述者带着自身的观点和态度卷入到人物冲突中，推动故事情节的发展。

还说鲁迅《孔乙己》中的 12 岁的小伙计其实就是"戏剧化叙述者"他是讲故事的人，也是故事中的人物形象，是作者间接的代言人。12 岁的小伙计如同戏剧舞台上的人物那样为观众叙述事件的始末，他也推动故事情节的发展，是一个处在故事参与事件发展的人物。"当街一个曲尺形的柜台""四文铜钱买一碗酒""这是二十多年前的事"一个 32 岁的人仿若在舞台上向人们娓娓道来 20 年前的一件事儿。他是小说中的一个人物，叙述中带着他的观点和态度。"……众人都哄笑起来：店内外充满了快活的空气。""谁要你教，不是草头底下一个来回的回字么？"这时小伙计对孔乙己不屑一顾，嘲讽的态度就自然地渗透进来。

学生的叙事作品尤其是学生写身边发生的他人事情的作品往往就是采用这样的叙述者。学生在这样的创作中，往往会把自己完全置身事外，非常简单的介绍事件的始末,给读者的感觉就是这个叙述者是置身事外冷眼旁观的。其实学生如能有意识地将叙述者的情感和认知与故事情节交织在一起就会使文章更加生动感人。

(三)旁观者

旁观者诚如其名,他不在故事情节的发展中与任何人物发生关系。因为他的中立立场,使他拥有客观、公正的态度。旁观者将自己所见所闻叙述清楚,从不介入小说发展中的矛盾冲突,不对小说中的人物和情节做出任何评价。旁观者采用一种无动于衷、毫无感情地非人格化的叙述来叙述小说的故事。在这样的叙述中,作者就完全退出了他自己创作的小说。

小说创作中不同种类叙述者的特点和作用,可以借鉴到初中记叙文的写作中,如能系统地讲解、练习和应用定会让学生作文的叙述角度丰富起来,增加学生记叙文创作的多样性、生动性和创造性。

下面看学生习作。

你神气什么!

3班与4班的男生在军训时被安排合住在同一间寝室。说是寝室,其实是一间大教室改造而成。寝室所在的教学楼是一栋西向的由两间大教室样大的平房,东临小广场,北靠食堂。这间寝室的东墙上开着四扇窗子,西墙的北面与南面则分别各自开了一道门,大家可以或由西北门至西南门或经西南门至西北门进出寝室。寝室内部,靠北墙与南墙分别排着一排由两张上下双层床所构成的铺位,中间则并排放着八张上下双层床,床底下密密地堆放着行李和洗漱用具。每层床上合睡两位男生,于是这间寝室便可装下四十八位同学了。3班男生住在靠北面的床上,而南面的剩水残山则划归了4班。

每天晚上九点半军训结束后,两个班近五十名男生便纷纷倦鸟归巢。可一旦归巢,疲倦便消失得无影无踪,尤其是十点钟天花板上两盏昏暗的白炽灯熄灭以后,仍然是人声鼎沸,"万里江山何处 回首对床夜语"。屋内聒聒一片,内容则国内而国外、中央而地方、社会而个人等,包罗万象。

谈兴虽浓,无奈年少易困,毕竟影响睡眠,于是禁令来了:熄灯息语。但是扪虱而谈之中可以手挥五弦目送飞鸿的境界,设坛开讲,仍然让这群少年痴迷。寝室内东北方向3班董永同学,自然而然地成为一个小坛主,周围聚集了几个谈友。为何谈及嫦娥奔月已不可考,但每逢遇此话题,董永自然会遥想他的七仙女,憧憬着吴刚捧出桂花酒的仙境。"为什么是捧出桂花酒?"黑暗中传来董永悠长地发问。"因为桂花香啊,""他没有别的酿酒原料,""可能是七仙女本来就爱喝这个,后来教会了后羿的老婆嫦娥喝这个。"答案五花八门。"错,统统的错,"董永清了清嗓子,继续说:"是因为月宫只有桂花不需要钱财购买。"

"是因为他白天不要军训",寝室南面靠门口的床上响起一个低沉的声音。

董永显然被这种搅局的回答激怒了,回敬道:"白天军训不军训,关你什么事?"

寝室南部继续响起那个低沉的声音:"当然关我的事!"

"傻瓜!你神气什么!"董永开始咆哮了。

"你神气什么!"那个低沉的声音仍然从寝室南部门口处传向每一个角落,又在低沉中略带几分威严。

于是万籁俱寂。

几日以后在基地食堂,程林问董永道:"你当时为什么就停下来不讲话了呢?"

"傻呀,"董永回答道,"谁不知道是杨老师来了查寝室。"

"我睡在南面靠门口的下铺,熄灯后杨老师进来就坐在我那张床上。"程林告诉董永。

"老兄,你怎么不提醒我?"董永为程林的不仗义有点愤愤然。

"还敢提醒你? 我自己大气都不敢出,"程林又问道,"那你后来怎么做的检讨?"

"检讨,什么检讨?"董永粲然一笑,"也提心吊胆过,但终究没人叫我做检讨。"

作者写自己在军训时的一段趣事,既生动地叙述了同学们军训集体生活的快乐和难忘,也着意刻画了一位严肃又不失慈爱,令学生敬畏而又不失宽容的好老师的形象。作者写的自己的亲身经历,没有使用第一人称的叙述者,采用了"叙述代言人"的叙述技巧,让叙述的代言人隐藏在小说的背后,掩饰了自己的存在。他只是将故事完整而客观的叙述出来,不参加文章情节的发展,不把自己的观点和态度过多地显露在文章当中,就像是说书人在讲一个别人的故事一样,叙述者的巧妙使用使得文章故事性极强,也很好设置悬念,文末揭示谜底,老师的严肃认真宽容大度和同学的活泼调皮聪明伶俐一览无余,余音绕梁,读来让人津津有味欲罢不能。

在初中阶段学生的记叙文创作以第一人称,并使用戏剧化的叙述者的情况居多,这样的文章创作可以更多更娴熟地展现人物的心理也能比较直接地抒情议论。但是,初中生对于叙述者的把握往往是属于先天形成的,在混沌和懵懂中得知大部分学生都这样写作,于是随波逐流就学习下去了,真正地在写作文之前去思考以什么样的叙述者来讲故事的学生几乎没有。因此,作为初中教师,我们可以钻研一下叙述者的三种常用情况:叙述的代言人、戏剧化的叙述者、旁观者。这样用专业的叙述者的知识来指导学生写作或修改,就会使得我们学生的作文生动鲜活起来。比如:修改作文。学生的第一人称作文,我们引导学生试试用叙述的代言人的方法来给读者娓娓道来故事的始末(如上面举例的作文),也可以让学生试试借助旁观者的叙述,既参与故事的方法,又尽量客观、冷漠的叙述中来增强文章的真实性。总之,改变总是能带来新意,有科学理念指导下的改变不仅可以有新意还可以开拓学生的思维,让作文的反馈丰富多彩,百花齐放。

二、借助叙述的视角理论指导学生记叙文写作

(一)多种多样的叙述视角

美国作家亨利·詹姆斯通过他的创作和理论提出故事是从哪里讲起的"角度"问题之后,引起了文学界的普遍关注。叙事视角的分类有很多种,常见的有全知视角、受限制的视角、客观视角、内视角。

基于学生的认知和接受水平以及视角理论对初中生叙事作品的有益促进作用,我们可以选择全知视角和受限制视角两个理论借鉴到中学生日常的作文教学中。

1. 全知视角

全知视角一般采取第三人称,在早期的小说创作中,作家大多使用说书人的身份叙述。这种叙述视角在讲故事时,无所不知,无所不在,虽然不太近情理,但是读者在阅读中却能够欣然接受这种无所不在、无所不知的全知视角的叙述。

比如鲁迅的《阿Q正传》中从小说的第二节开始,作品的人称就从开头的"我"改为第三人称"他",这样就将人称改为第三人称完全不受任何限制,"上穷碧落下黄泉,两处茫茫皆不见",这样的视角能全方位展现场景,表现人物的性格。

后来随着发展,全知视角慢慢变成了有限的全知视角。叙述者尽可能退出故事。鲁迅的《药》华老栓买人血馒头给孩子治病,小栓死后与夏瑜同葬在一个坟地,在小说中,叙述者的叙述视角没有限制在小说的某一个人物身上,也没有限制在人物的内心世界里。鲁迅在文章中没有直接描写夏瑜的形象,而是让茶馆里的人间接描写夏瑜,这就是一种有限的全知视角。

在使用全知视角的时候,作者凌驾在作品中所有人物之上,他可以看到作品中人物所有的举动和行为,他无处不在,无所不知。全知视角在叙述的时候非常灵活,简直可以全方位、无死角地叙述。正是这种灵活地叙述方式才可以穿梭在作品的各个场景之中,准确地揭示人物的心理,在起伏跌宕的故事中吸引读者沉浸在作者创作的故事中,随着情节发展心潮起伏、同喜同悲。这种叙述的艺术在小说的发展过程中历久弥新,得到普遍使用。

2.受限制视角

小说的叙述者是故事外的第三人称叙述者,而感知者却是小说故事情节中的人物,这种情况下的叙述视角就成了有限叙述视角。[①] 受限制视角顾名思义就不可能做到无所不知,它隐藏在作品某一个人物的背后。这个人物是作品的叙述者。其实作品无论使用第一或第三人称叙述,都有其不可能知道的前因后果和其他人物的思想和心理活动。受限制的视角只能展现自己的思想、感情和眼光,作品中的人和物都是经过叙述者人物自身思想和感情影响后在作品中呈现。

鲁迅《阿 Q 正传》第一节写我讲阿 Q 的故事,采用第一人称叙述,这个"我"是鲁迅设下的特殊角色"叙述代言人"采用第一人称,叙述会受到"我"的视角的限制,成为"受限制的叙述视角"再如,《孔乙己》中"我"一个十二岁的小伙计,文章是他在 32 岁讲他 12 岁当小伙计时的事儿,他是讲故事的人,也是故事中的人物形象,是作者间接的代言人。孔乙己的身份、由来、挨打的经历都是由"人家""一个喝酒的人"交代的始末。因为是"第一人称"受限制的视角,他必须按照他自己的性格、生活经历等来叙述,所以不会知道他看不到或是以他的身份不可能知道的事情,从最后一句"大约的确是死了"从"大约"一词来讲,口吻是十二岁的小伙计,因为他是受限制的视角,不可能明确知道孔乙己的结局。

---

① 苏虹蕾:《文学作品中的叙述视角运用》,《短篇小说(原创版)》2016 年第 35 期。

3.全知视角和受限制视角在初中记叙文教学中的应用

基于上述视角理论,我们发现全知视角和受限制视角在作品中的应用各有千秋,不同的视角给作品带来不同的特点,不同的视角也在作品中发挥着各自的作用,在很多作品中这些不同的视角根据作品需要是在不停变换着的,比如上文提到的《阿 Q 正传》中就在第二节将叙事的视角变为全知视角,变得无所不知无所不晓。这样的视角应用使得小说的叙事更加得心应手,作者可以随时根据需要来设计不同的视角让读者知晓或限制读者知晓某些情节和要素,从而使得作品跌宕起伏,充满悬念而又可以引领着读者按照既定的方向去阅读,以求得最大限度地领悟作者凝聚在作品中的精神要旨而不会偏离太多。这样的视角理论如能借鉴使用到我们初中生的日常记叙文写作中一定会使得苍白的文章变得生动活泼起来。

(二)借鉴视角理论指导学生进行改写练习

例文:

我是一株绿萝,我被主人带到了初一三班。棕褐色的花盆是我的家,阳光透过磨砂玻璃懒洋洋地斜照在我的身上,呼吸着阳光我幸福地生长着,当然我也需要水的无尽滋养。哦,水——我想到了他。"哒哒哒——哒哒哒"眼镜男孩儿过来了,他是我的有缘人,每天他都给我浇水,供给我成长的养料。他带着绿框的眼镜,阳光在镜片上折射的光使得他智慧的双眸更闪亮璀璨。白净的脸庞总挂着温柔的笑意,微微上翘的嘴角,挺翘顺直的鼻子,一切外貌上的和谐和儒雅都被他粗犷豪放的动作打击的荡然无存。我微微抬头看着他手舞足蹈地侃侃而谈,胸脯极速颤动,眼神流光溢彩,整个脸庞泛着激动的红色,校服的下摆随着他舞动的双臂而上下翻飞。"哦,好可怕,啊!——"哗啦,我被他激动的双臂碰到了,我无语地瘫躺在窗台上,斜着眼睛看到一团阴影扑过来,他手忙脚乱把我扶正,眼镜后面慌乱的双眸要滴出水来,再无自信的光芒,嘴角哆嗦,嗫嚅道:"对不住啊,小绿……""铃——"上课了,他急忙用手擦擦我叶片上的土,又将手狠劲地在屁股后面擦了擦。老师来了,尖利睿智的眼睛看了他一眼……

上述片段,作者从"绿萝"的特殊视角来叙述一件自己被小男孩碰到洒落在窗台上的事件,在事件的叙述中用第一人称"我"——绿萝的角度来叙事,并刻画了一个外表儒雅,内在活泼、聪明、善良的眼镜男孩。以"绿萝"的视角来写,既是特殊视角(植物)也是受限制的视角,他不可能知道小男孩的心理活动,也不可能参与到故事的叙述中。下面的作文练习我们围绕着这个事件,分别从男孩的视角(受限制视角)和同学的视角("他"第三人称全知视角)来进行改写练习。

以"男孩"的角度来改写:

　　我是初一三班专门负责给花卉浇水的男孩子,我带着一副绿框的眼镜,智慧的双眼白净的脸庞是我自认为傲人的资本,不幸的是豪放的谈吐和矮胖的身躯则是同学们调侃的谈资。"啪——"放下手中的书本我两步就跨到窗台。"小绿,我来了,张开嘴巴等着我给你的甘霖吧。"我大声地呼喊伴随着随之倾泻而下的清泉。"哗啦哗啦,哎哟"我惊叫。水顺着花盆从窗台蜿蜒而下,手忙脚乱地用抹布抹干净多余的水分。绿萝终于浇完了,我一眼瞥见小红的数学本子,"不对,不对,这道题你做错了……"哈哈,我的智慧派上用场了,我卷起袖子,挥着手臂给小红连比划带讲解。"啊——"同学们发出了惊叫,怎么回事儿?"哦"我感觉微微的碰触感,心想:"这是怎么了,我好像碰到什么东西了。"扭头一看,绿萝呈现一种瘫软的状态洒落在窗台上,盆子骨碌碌还在窗台上转圈。"坏了,我把绿萝碰翻了。"真是一波未平一波又起,铃声又响了。手忙脚乱打扫战场,赶紧回到座位。老师来了,瞥了一眼窗台上的残土,又别有深意地瞥了我一眼。我故作镇定,稳稳心神,心里默念:"对不住啊,小绿,千万别被老师发现啊!"

上述改写的片段,内容还是一样的事件,但却是从小男孩"我"的角度来写。这样的视角与以绿萝为视角的叙事相比虽也是受限制的视角,但是这样的视角却可以自由地展现自己的内心活动。

以全知视角"他"来改写片段:

　　他是初一三班专门负责给花卉浇水的男孩子,他带着绿框的眼镜,阳光在镜片折射的光使得他智慧的双眸更闪亮璀璨。白净的脸庞总挂着温柔的笑意,微微上翘的嘴角,挺翘顺直的鼻子,一切外貌上的和谐和儒雅都被他粗犷豪放的动作打击的荡然无存。一下课就看见他手舞足蹈地侃侃而谈,胸脯极速颤动,眼神流光溢彩,整个脸庞泛着激动的红色,校服的下摆随着他舞动的双臂而上下翻飞。"哦,好可怕,啊!——"同学们的惊呼打断他的"演讲"。哗啦,绿萝被他激动的双臂碰到了,花盆翻倒绿萝瘫躺在窗台上,仿佛斜着眼睛看着这突然发生的一切。突然,一团阴影向扑过来,他手忙脚乱把绿萝扶正,眼镜后面慌乱的双眸要滴出水来,再无自信的光芒,嘴角哆嗦,嗫嚅道:"对不住啊,小绿……""铃——"上课了,他急忙用手擦擦我叶片上的土,又将手狠劲地在屁股后面擦了擦。老师来了,尖利睿智的眼睛看了他一眼……他的脸立刻潮红一片,心里默念:对不起啊,小绿,可别让老师发现我啊!这心里可真是十五个吊桶打水,七上八下。

这个片段是借用第三人称全知视角来改写的片段。这样的全知视角叙述者不单在作品中无所不在、无所不知,而且还可以直接与读者对话。借用全知视角作者可以全方位多角度地表现作品,既可以表现男孩的外貌和性格,也可以展现男孩子的心理,无所不能,无所不知,不受时间和空间的限制,反映的内容十分宽广。

由于视角的变化,对于同一材料,可以写成各种角度的文字,从而使作品的切入点和展现的重点各有不同,实现的表达效果也各有千秋。以第一人称叙述的文字,我们很难看出叙述者是什么态度,我们从小男孩的视角来体会文字表达的就是小男孩的想法,而很难联系到作者的态度。而借用全知视角来叙事我们很自然地从一些词语中体会到作者对文中小男孩的态度和情感比如"闪亮璀璨""眼神流光溢彩"这些词语明显地透露叙述者对这个可爱、活泼、聪明的小男孩的喜爱之情。除上述所讲之外,我想最重要的是,有这样的叙事理论作为基础,我们的日常写作可以尝试让学生借助视角理论来选择从哪方面叙述才更能突显出作者创作的本意,实现作者创作伊始就期待读者可以通过阅读得到的体验。

三、借助叙事中的技巧指导学生写作

(一)叙述态度

一般来说,叙述态度可以分为两种。即可信的叙述态度和不可信的叙述态度。"四十余年前的 1961 年,韦恩·C.布斯在《小说修辞学》中为不能径信其辞的叙述者定了名称,当时他作了一个分区,后来在经典叙事学界广为引用:'言语或行为与作品常规(指隐含作者的常规)相一致的叙述者是可靠的叙述者。'"[①]

可信的叙述态度是指小说中的叙述者在思想规范、道德准则、价值观念等方面与作家保持一致,作家塑造的叙述者让读者认为小说中的人物和情节发展都是作者的观点。这样的叙述态度中,叙述者其实就代表作者发声,而

---

① 戴卫·赫尔曼主编《新叙事学》,马海良译,北京大学出版社,2002 年 5 月,第 36 页。

作者也恰好需要这样的叙述者来做代言人,借助这个代言人来展现自己的思想。作为读者通过文中的叙述者也更能深入领会作者的创作意图。

比如《红楼梦》中作者在第一回自我评价"满纸荒唐言,一把辛酸泪。都云作者痴,谁解其中味"。这样的表述其实就是作者在交代故事的结局和自己的态度。整部《红楼梦》作品展现了封建家族兴盛和衰落,大家庭中人物的命运和宝黛之间的爱情悲剧。这样的叙述者带领着读者悄无声息地和作者的思想、价值观同步,读者越来越相信文中叙述的真实性。这就是可信的叙述态度。

不可信的叙述态度是指小说中的叙述者在思想规范、道德准则、价值观念等方面与作家恰好处于相对或相反的位置。这样的作品,作者一般会恰到好处地运用反讽、暗示等技巧,把读者引到叙述者的背后去观察、审视。在读者深入地分析理解后就会发现作者的真实目的,从而在阅读中实现和作者思想和价值观的合拍,这是一种读者和作者的隐秘交流,这种交流之后的认知会给读者留下深刻的印象,产生释然之后的愉悦。

比如鲁迅叙事性散文《藤野先生》:"上野的樱花烂漫的时节,望去确也像绯红的轻云,但花下也缺不了成群结队的'清国留学生'的速成班,头顶上盘着大辫子,顶得学生制帽的顶上高高耸起,形成一座富士山。也有解散辫子,盘得平的,除下帽来,油光可鉴,宛如小姑娘的发髻一般,还要将脖子扭几扭。实在标致极了。"叙述者在文中评价清国留学生的丑态,用"标致极了",实际上是一种反语和讽刺的手法,清国留学生无所事事,无视国家的期望,在日本上野公园(那里有中国北洋海军"镇远"铁甲舰和"靖远"号巡洋舰的铁锚)中嬉笑玩闹,全然不顾当时国家的危难。这样的"清国留学生"是丑陋的,在这样的叙述中,叙述者和读者及作者的价值判断标准是相反的,读者需深入分析才可发现作者的用意,从而使得读者能够越过叙述者和作者达成共识。

这种不可信叙述态度的选择,在叙述者与读者认知的强烈反差下,收到了更好的阅读效果。

从学生的日常交流中,我们会发现学生会不自觉的切换叙述态度,他们喜欢绘声绘色地讲故事,但是初中生的记叙文写作一般都是采用可信的叙述态度来创作。这种现状并不是学生不能使用不可信的叙述态度来创作,而是学生没有这方面的科学知识也从未系统地去学习一些行之有效的叙事学知识。其实,在初中生的记叙文教学中我们给予学生能运用、好操作的叙述学知识对学生不仅能够提高学生的作文创作的兴趣更能使学生的作文水平得到很快提高。比如上文所说的两种截然不同的叙述态度,让学生在创作中积极尝试,可以使其作文创作注入更多的活力和新意。

如下面学生的作文:

傻奶奶

奶奶从农村来了,蓝布的小袄,黑布的裤子,头上胡乱挽着一个发髻,沟壑纵横的脸上嵌着一双浑浊的眼。

小宇不喜欢奶奶,因为她身上浓重的乡土气息,还有那总也荡涤不去的恼人的旱烟的味道。奶奶很少来城市,这次的到来要小住几日,这突然的变故使小宇心烦意乱,他可是独来独往偏爱安静的人。

"小宇,你下楼看看奶奶怎么还不回来,别迷路了啊。"厨房里妈妈的魔音又传过来。小宇懒散地穿上外衣,心里吐槽:"真麻烦……"走下楼来,小宇四处张望,希望能看到那蓝布衫的佝偻身影。"咦,那怎么一群人?"小宇心想,"哼,肯定又出现什么热闹事儿啦?"小宇全然忘却了出来要找奶奶的任务,快步上前,左右开弓挤开人群,抢到前面。"啊,这不是奶奶吗?"小宇一惊,目瞪口呆看着眼前的场景,地上躺着一个摔倒的老爷爷,身体颤抖,面色苍白,用手指着自己的左边口袋,眼睛盯着奶奶。奶奶蹲在地上很茫然地看着老爷爷。"这是两个老人碰到一起了吗? 这个老太太跟地上的老头儿有什么关系?""是两个老人吵嘴了吧? 这个老人怎么了这是?"人群中的窃窃私语都飘进小宇的耳朵。小宇的脑袋嗡嗡直响："奶奶,你干什么,赶紧起来。"小宇伸手就拽奶奶的蓝布小袄,那小袄上的油渍弄的他的手怪难受的,他又赶紧松手了,在身上抹了抹,直直看向仍然没有起来的奶奶。蓝布的小袄斜斜地挂在奶奶佝偻的身体上,一切都是那么不和谐。小宇喊:"奶奶赶紧跟我回家。"

"这老太太要干什么啊,还不快走,一会儿老头的家属来了就该被讹上了……"旁人说。这话真是说到小宇的心坎里去了,小宇生气了:"奶奶,真傻! 就知道找麻烦!"这时,奶奶好像知道了什么,迅速的把手伸向老人的口袋,找出一个药盒,拧了两下……就在这时人群骚动起来,几个年轻人跟大家说:"大家散散,病人需要新鲜空气。"一个年轻人,俯下身子,接过奶奶手里的药,拧开,喂进地上老人的嘴里。

蓝色的灯光闪烁,刺耳的声音敲打着小宇的耳朵。他看见救护车来了,病人被送上车,围观众人讪讪地离开了。小宇恨恨地看着奶奶,"您估计惹事儿了,傻奶奶。"小宇心想。奶奶讶异地看着小宇,理理自己的蓝布袄。扑鼻的旱烟味道更平添了小宇的烦躁。

第二天,家里摆满了水果,听妈妈说是老爷爷家的人给送来感谢奶奶。原来奶奶没有受到讹诈。小宇冷眼看着鲜红得好似滴血的苹果,讪讪地想:"奶奶傻傻的,早晚会吃大亏。"

"小宇,奶奶傻吗? 你到底是聪明还是糊涂啊?"作者问。

上文作者选用第三人称全知视角,借助不可信的叙述态度,讲述了发生在小宇奶奶身上的一件好事儿,小宇自私、乖戾的性格和扭曲的世界观折射出奶奶的"傻"正是奶奶朴实善良的闪光点。读者在阅读时对小宇的厌恶和鄙弃就是和作者的秘密交流,在鄙弃小宇的同时也就完成文本的深层解读,恰好利用读者猎奇的心理和对扭曲世界观的别扭激发了他们的阅读兴趣,也增强了文章的可读性。文章还安排了冷漠的旁观者,和最后突然跳出的正义的作者,使得文章真实可信而又生动活泼。

（二）借助叙事材料安排的顺序来指导学生写作

"叙述一件事,长久的以年或月或朝代为时间的顺序,短期的则以日或时为时间顺序,遇到有不限定期,则以'初''始''继而''终则'等表示时序,作时间的线索。"①

比如林嗣环《口技》,"少顷……既而……未几……俄而……"一系列表示时间的词语将一场生动的口技表演"由睡而醒,醒而复睡,失火救火"的事件渐次呈现在读者面前。一般的叙事文都是在时间中展开的。在作文中我们写一件事开始怎样,后来怎样,结局怎样都离不开时间,离开的时间就无法叙述。写人也一样,幼年怎样,长大怎样,后来怎样,也是离不开时间。

记叙文要讲清楚人物和事件在某段时间的经过,比如,我们写一天所做的事,从早写起,上课,午饭,再上课,然后写到睡觉为止。如果不以时间的顺序,只是想起什么写什么写,就是混乱的,别人也很难看懂。所以记叙文在一般情况下都是按正常的时间发展顺序来写,这样的文章中规中矩,如果在选材、详略等技巧上再无新意,就很难引起读者的兴趣。反之,如果我们将文章的材料安排的时间和顺序变化一下,读者就会发现文章的发展和他的认知有冲突,这样读者就会很自然地琢磨文章的情节发展顺序和材料安排的顺序。在读者认真思考文章材料安排的特点及文章各个部分之间的内在关系的过程中,作品就实现了吸引读者阅读兴趣的目的。文章显示的内容、读者的预期与最终实现之间的微妙差距确实可以收到正常按照事件顺序来叙事叙事所不能实现的效果。

初中学生创作的记叙文从常规的角度来讲,大多都是按照事情发展的先后时间次序来安排材料。一般来说,一篇文章起码要让读者明白事情的来龙去脉,发生在前面的事件就先说,在后面的就后说,这样确实可以使读者明白。但是有的时候为了需要,我们的文章不适用常规的叙述。比如,我们在

---

① 高语罕:《国文作法》,北京教育出版社 2014 年,第 135 页。

叙述某一个段落时,发现必须要交代另外的情节,才能让读者明白,这样就得追述从前的事情。也有的时候,我们记叙一件事情,发现这件事情头绪纷繁,好多方面都在并行发展,这时,我们就必须把几方面的内容一一说明,这时,在叙事时就不能完全是按照时间先后的次序来进行了。

夏丏尊,刘薰宇的《文章作法》中这样表述:"叙事文是把事物的变化来展开的,所以流动的方向也有两种:一种,依次叙述,这是顺的;二种,叙述顺序颠倒,这是逆的。"[①]在初中生作文训练中,我们想让学生"把事物的变化展开"将事情叙述得清楚明白又生动抓人,就有必要合理地使用叙述的时间和顺序。比如我们现今常说的倒叙、插叙、补叙就可以和学生的作文创作有机结合。其实无论是哪种顺序,都是根据事情变化的前因后果或者事件的顺次或并行发展来自然使用的。在初中生的记叙文教学中,我们发现大部分学生完全按照时间顺序来安排文章中事件的发生发展。当然这样的顺序安排也并非使得所有的文章都不生动。假如排除掉学生作文内容上有优劣这个变量,我们想让学生的文章更多姿多彩、生动抓人,就不妨教会学生合理地安排作文素材的顺序。解决了学生在作文材料安排方式过于千篇一律问题后,学生的文章自然可以呈现出引人注目的亮点。

比如,初中文章《羚羊木雕》写的是发生在两个孩子之间交换礼物的事情,歌颂了孩子们之间纯洁无私美好友情,也含蓄地批评了成年人不尊重孩子的社会问题。故事开头是以对话直接切入,妈妈询问羚羊木雕哪去了,让我把羚羊木雕要回,这些都是顺序,在顺序的过程中,又插入了以前发生的事情:我用羚羊木雕和万芳的小藏刀进行交换,我又回忆了以前上体育课时,万芳怕我挨打用她的新裤子换了我的破裤子,在家中挨打。

再比如《蒲柳人家》中,开头:"七月天,中伏大晌午,热得像天上下火。何满子被爷爷拴在葡萄架的立柱上,系的是拴贼扣。"(出自人教版语文教材九

---

① 夏丏尊、刘薰宇:《文章作法》,中华书局,2007年,第38页。

年级下册《蒲柳人家》)开头就交代了淘气的何满子被爷爷拴在立柱上,然后顺次介绍何满子、何满子的奶奶(一丈青大娘)、何满子的父亲最后交代何满子的爷爷回来,奶奶顺口给何满子告了状,爷爷就把何满子拴在了葡萄架的立柱上。

例一,在顺序的过程中根据文章事件发展的需要插入了相应的情节补充两个小伙伴真挚深厚的友情,使得文中的"我"在向朋友反悔时的内心纠结和痛苦刻画得真实而且深刻,容易打动人心,增强了文章的生动性。例二,先介绍何满子被爷爷拴在立柱上,设置悬念,吸引读者要在这种错时的材料中努力寻找原因,而在这种内驱力的作用下,就使得读者阅读时兴味盎然。反之,如果开头依次介绍各个人物的事件和性格特点,就会因为材料设计的雷同而使得作品的艺术感染力有所下降。

下面举例来阐述在初中记叙文写作中引入时间和顺序这类叙事学理论如何指导学生作文的修改。

学生作文:

宽 容

什么是宽容?英国人说得形象:"世界上没有不长杂草的花园。"阿拉伯人说得风趣:"月亮的脸上也是有雀斑的。"宽容地对待周围人和事,你就会发现生活中到处都是阳光和彩虹,你的生活也必将变得更加快乐。

下午,我把姨妈刚刚送给我的水晶蝴蝶小心翼翼装进礼品盒里,想带到小萱家与她一起欣赏。因为这个水晶蝴蝶真的很漂亮,晶莹剔透,别致精美,在阳光下会折射出绚丽的七彩光芒。(学生的叙述中已经无意识地出现错时)刚好,小萱这时来我家找我。我迫不及待地从盒子里拿出它。果然不出我所料,小萱一见到它就爱不释手,嘴里直夸它漂亮。

过了好一会儿,小萱仍拿着水晶蝴蝶不放,我担心小萱会不小心把它打碎，所以就叫她还给我，但小萱却说："让我再看一会儿嘛。"我急了，连忙伸手去抢，她没料想我会来抢，吓了一跳，手一松……"砰"，水晶蝴蝶被摔得四分五裂。我呆呆的望着一地的碎片。小萱不好意思的对我说："对不起，我不是故意的，对不起……"我很生气地对她说："你为什么要摔碎它！你知不知道我多喜欢它！你走啊，我家不欢迎你！"……在那几天后我都没有理过小萱。但不知为什么，我的气非但没有消，反而越来越怨恨小萱。一天，我回到家，狠狠地把门一关。我原想走回卧室，却被妈妈叫住了："孩子，我已经知道小萱摔碎了你的水晶蝴蝶，但她的确不是故意的。你为什么就不能学着去宽容地对待别人呢？谁的生活中不会犯错误呢？""宽容？"我没有回答，默默走回房间。看着写字台上我和小萱的合影，我的心里烦躁极了，真是辗转反侧，夜不能寐。

第二天，我找到了小萱表示想和她重修旧好，小萱很高兴地答应了。从那一刻起，困扰我多天的心结解开了，我发现我不再烦躁了，心情便豁然开朗。雨果曾经说过："比海洋更宽广的是天空，比天空更宽广的是人的胸怀。"什么是宽容？其实宽容是一种对别人、对自己的救赎。一只鞋踏在紫罗兰的花瓣，花瓣却将香味留在了鞋上。

学生的这篇习作，写出了自己和朋友之间因为一件心爱物品的破碎而产生的波折，心爱的物品被朋友不小心打碎，友情出现破裂，久久不能释怀，这其中还有妈妈对我的劝解，最后决定宽容对待朋友的失误，友情和好如初。

作文中设计三件事：A 小萱打碎了我的水晶蝴蝶；B 妈妈对我的劝解；C 我和小萱和好如初。三件事按照时间顺序来讲述，重点突出了 A 事。如果我们稍加改变三件事的顺序并加上一件事插入文中，改改这篇习作，我们再看。

首先，建议学生加一件以往小萱曾经帮助过我的事情。把它定位事件 D。然后我们将几件事重新排序。按照 BADC 顺序试着修改一下。

改文如下：

> 什么是宽容？英国人说得形象："世界上没有不长杂草的花园。"阿拉伯人说得风趣："月亮的脸上也是有雀斑的。"宽容地对待周围人和事，你就会发现生活中到处都是阳光和彩虹，你的生活也必将变得更加快乐。（此段文字虽然优美，却与下文的事件没有过渡，显得过于生硬，删掉）

B 事件开头设置悬念

"砰！"卧室的门被我狠狠地关上，同时关上的还有妈妈的声音和我的心。写字台上破碎的水晶蝴蝶，一下下地撞击我的心。妈妈的声音还依稀在耳。

"孩子，你为什么就不能学着去宽容地对待别人呢？谁的生活中不会犯错误呢？"这是被我关在门外的声音。宽容？看着写字台上我和小萱的合影，我的心里烦躁极了，真是辗转反侧，夜不能寐。

（A 事件）上周日的下午，我把姨妈刚刚送给我的水晶蝴蝶小心翼翼装进礼品盒里，想带到小萱家与她一起欣赏。因为这个水晶蝴蝶真的很漂亮，晶莹剔透，别致精美，在阳光下会折射出绚丽的七彩光芒，更重要的这还是姨妈出国前送我的礼物，我倍加珍惜。（加重对这件礼物珍视的叙述，使得与后文的冲突更尖锐）刚好，小萱这时来我家找我。我迫不及待地从盒子里拿出它。果然不出我所料，小萱一见到它就爱不释手，嘴里直夸它漂亮。

过了好一会儿，小萱仍拿着水晶蝴蝶不放，我担心小萱会不小心把它打碎，所以就叫她还给我，但小萱却说："让我再看一会儿嘛。"我急了，连忙伸手去抢，她没料想我会来抢，吓了一跳，手一松……"砰"，水晶蝴蝶被摔得四分五裂。我呆呆地望着一地的碎片。小萱不好意思地对我说："对不起，我不是故意的，对不起……"我很生气地对她说："你为什么要摔碎它！你知不知道我多喜欢它！你走啊，我家不欢迎你！"

小萱伸着的手僵在半空,默默地看了我一眼,大眼睛氤氲着雾气,我狠心扭过头不去看她。大声说:"你走!"我的心里涌起的是对姨妈的惦念和对水晶蝴蝶的痛惜,眼泪顺着我的脸颊滑落。(A 事件的重申,也是错时交代原因)

在那几天后我都没有理过小萱。但不知为什么,我的气非但没有消,反而越来越怨恨小萱。(躺在床上)(D 事件)我看着写字台上和小萱的合影,我又想起,班里的男孩子拿走我的蜡笔时,小萱挺起瘦弱的胸脯和淘气男生的针锋相对;我又想起,小萱给我要回彩笔时,温声细语对我的安慰。妈妈的话又回响在耳旁"孩子,你为什么就不能学着去宽容地对待别人呢?……我突然明白了我烦躁和痛苦的源泉,我走到字台前,抚着破碎的水晶蝴蝶,想着我与小萱的点点滴滴,我做了一个决定。

(C 事件)第二天,我找到了小萱表示想和她重修旧好,小萱很高兴地答应了。从那一刻起,困扰我多天的心结解开了,我发现我不再烦躁了,心情便豁然开朗。

一只鞋踏在紫罗兰的花瓣,花瓣却将香味留在了鞋上。宽容就是一种对别人、对自己的救赎。就是这样的语句方能阐述我此刻的心思。

原文小作者采用正常的时间顺序,一步步娓娓道来,写作内容也算比较充实,只是第一段和正文之间缺少必要的过渡,显得生硬,而开头名人名言的使用明显感到一种刻板和套用。建议学生进行错时的修改,开头就用 B 时间设置悬念,让读者不太明白作者非正常行为的原因,在这种亟待释疑的内驱力作用下,吸引读者一步步往下看,再看到两个朋友之前的无意的伤害后,豁然开朗,而后交代作者内心的纠结,这时适时地插入蝴蝶的来历和珍贵以及小萱以前对作者仗义地帮助,在这种错时的处理下,使得作者的痛苦更真实,从而也就使得宽容在整件事解决的过程中显得尤为重要。时时而又适时出现的错时,可以释疑、可以呼应、可以深化中心,更重要的是增加了文章的可读性。

　　初中生的作文主要是以"叙事"为主的记叙文,让学生的作文内容生动、思想深刻一直是教学中值得思考的问题。恰当地将叙事学知识引入初中作文教学,引导学生学会运用叙事方法和技巧生动地将事件变为故事并表现在文章中,不仅可以为教师和学生提供在记叙文创作方面可供参考的理论,也可以为具体的作文创作和作文教学实践研究提供科学的方法和依据,在理论和实践巧妙结合下,让学生的记叙文创作有波澜,有曲折,耐人寻味,生动感人,给学生平淡苍白的叙述带来活力和新意。

　　当然,作文教学涉及的内容还有很多,本文只摘取了教学实践中的一小部分。作文教学的改革和实践一直在路上。语文教师的自我学习和提升也一直在路上。

第五章　教学实践案例及设计

第一节　教学案例

挖掘作品语言，实现深度学习①
——八年级上册《背影》教学课例解析和反思

一、背景

1. 主题确定的缘由

主题：挖掘作品语言，实现深度学习。

朱自清《背影》是统编语文教材八年级上册第四单元第 14 课。此文是写人记事散文的典范。它从一个独特的视角表现父子之间的深情。在祸不单行，阴云笼罩的日子里，父爱异常感人。作者朱自清在文中将情感集中表现在父亲的"背影"上，切入点小而寓意深刻，语言朴素，情感真挚。《背影》是其所在单元的第一篇散文，题材是写人记事，学生接受起来比较容易。我设计

---

① 杨坤，天津市第四十五中学。

此课教学从情感切入引领学生涵咏语言、发展思维、获得审美体验,为单元后面几课的托物言志散文和议论性散文的学习打好基础,能够让学生能够在学习和比较中体会到不同类型散文的语言特点和独特风格。

在本课的学习中我注重引导学生深入体会字、词、句在文章表情达意时的重要作用,体会其中蕴含的强烈的感情和言有尽而意无穷的艺术效果,以此来促进学生思维、思想的发展,实现深度学习。

2.学情分析

八年级学生处于课标中的第四学段,八年级学生的阅读主要以文体阅读为核心,着力培养学生对某一类文体的阅读能力和初步欣赏文学作品的能力。经过七年级一年的学习,学生在阅读欣赏时能较熟练运用略读的方法,并已有默读的习惯。学生经过七年级一年的语文学习,已经具备初步的文体意识,到八年级还需进一步巩固和明确。八年级上册教材第二单元学生通过回忆性散文和传记文章的学习,也已经学习了抓住典型事件和细节来进行阅读的方法。《背影》一课在设计教学时我主要引导学生从典型事件、典型人物的刻画中品味揣摩关键语句,培养学生对散文语言的赏析能力,提高学生的审美感和审美创造能力。

二、目标

(一)目标

1.以情感发展为线索感知"背影"形象,体会父子深情。

2.品味语言,培养学生赏析散文语言的能力。

3.把握文中"我"情感的变化,理解本文情感表达方式的独特之处——定格的形象与瞬间。

4.逐层深入理解文章,引发学生对父母亲情的深切体悟。

(二)教学重点和难点

1.教学重点:品味语言,培养学生赏析散文语言的能力。

2.教学难点:把握文中"我"情感的变化,深入理解文本。理解文本写人记事选择最动情的事,写最动情的事,突出最动情的形象与瞬间。

三、对象

对象:初二年级学生

四、教学过程

导入:图片导入。

同学们请你根据图片试着揣摩人物的内心世界。(用一个词准确概括)

(导入环节设计意图:以图片唤起学生对背影中流露出人物情感的直观体验,为文本深入分析背影中蕴含的父爱做铺垫。)

看来我们透过背影也会体会到人内心真实的情感,今天就让咱们一起来走进朱自清先生笔下的背影,走进文中人物内心的真实世界。

教学过程:

(一)循背影,感知爱

1.正音、释义

2.读课文,理清文章思路,初步体会情感。

请同学们根据文章内容补全情节,并体会文章中流露的情感。

(_____回家奔丧_____)——(_____车站分别_____)——回顾背影。

此部分学习教师先给学生学习"支架"完成文章结构梳理,然后引导学生默读课文,用笔圈画出能让你体会到父爱的词语或句子。(1—5段用黑色笔圈点勾画,6段用红色笔圈点勾画。)圈画结束后进行小组交流,学生反馈,教师简单点评并总结,发现共性的内容。比如学生圈画的内容大多聚集在文本的第六段内容,尤以一个句子的圈画频率最高,那就是:"他用两手攀着上面,两脚再向上缩;他肥胖的身子向左微倾,显出努力的样子,这时我看见他的背影……"

(设计意图:初读文本,感知父爱,从文中找到体现父爱的词句,培养学生的语言感知能力。)

(二)循背影,感悟爱

展示学生圈画频率最高的句子,师生围绕此句分析其中蕴含的深厚父爱。

大屏幕出示句子:

"他用两手攀着上面,两脚再向上缩;他肥胖的身子向左微倾,显出努力的样子,这时我看见他的背影……"

分析过程

1.读一读:让学生根据自己的理解来朗读此句。

2.议一议:学生评价同学朗读语气处理是否得当。

(这个句子要读出父亲攀爬月台的艰难和努力,关键动词可以拉长声音用力读。)

3.品一品:

(1)望父买橘,浓浓的父爱

请同学们结合原文分析父亲翻越月台买橘子时的"努力"体现在哪里?(出示图片,图片旁边是包含三个重要动词的这句话)

体态——肥胖;服装——不利于攀爬;状态——"蹒跚"可见老态。

动作描写。(着重分析"攀""缩""倾"三个动词作用。)

父亲艰难的背影中流淌的是"爱"……

此部分学习一方面从字面分析"攀""缩""倾"这三词;另一方面从儿子的"眼泪"入手,分析儿子泪眼中的"攀"的含义,挖掘语言内涵,咀嚼语言味道,获得美的享受。学生在赏析词语中理解作者遣词造句的匠心,感受散文语言的魅力。

教师还借助"还原教学法",提供助读资料"当时的月台有 1.8 米,父亲只有 1.63 米",让学生还原当时父亲爬月台的情景,这种感知还原会让学生真切感受到父亲翻月台买橘子的艰难和那一瞬间背影中饱含的爱意。

(2)买橘归来,厚重的父爱

同学们再读第六段父亲买完橘子以后的内容。你试着体会文字背后的父爱。

《背影》文中"将橘子放下……心里很轻松似的"。

教师引导学生展开辩论:"心里很轻松似的。"父亲真的轻松了吗?

在辩论中,学生会发现"母亲去世、工作交卸、家境败落、儿子远行,这一切都像山一样压在父亲的肩上,他怎么会轻松"呢。

学生还会发现"可是他扑扑衣上的泥,显出很轻松的样子"。父亲面对儿子的不屑、暗笑和顶撞,毫不在意,反而显得"很轻松似的"。此刻的父亲想要弥补对家人的亏欠。父亲跨越站台买来橘子,觉得为儿子做了事情,虽然只是小小的弥补,但是足以让一心想弥补家人的父亲略微轻松了一些。

在这个教学片断中,学生思维在挖掘句子的过程中,自然深入散文内部,也深刻领会了父亲内心深处的真实想法,实现对文本的深度解读。这种深度的解读并不是一味追求教学内容的难度,而是增加教学内容的广度,尤其是扩展学生思维的广度和综合性。

(3)凝望背影,情感的转折

引导学生读一读、品一品,分析背影渐渐消失儿子还久久凝望,眼泪又来了。

请你试着揣摩作者当年凝望父亲背影时的心理。

这是无尽的惦念与不舍,绵长的爱意和感动。家庭的变故、事业受挫,父亲未来在异乡谋生的艰难,我和父亲的关系。这一切都让儿子的心里不轻松,所以"我"的眼泪又来了。

这就是爱。(课件展示"爱")

两个"背影"学生解读出深沉厚重的父爱,绵长不舍的亲情。面对父爱的深沉厚重,始终如一,从全文来看儿子的反应前后有什么变化?(请你结合前五段划线的句子来分析。)

儿子的情感由最初的"拒绝"到最后的"感动"。儿子情感的转折点就是"背影""背影"是一个经典形象,它是情感转折和深化的关键点,也是串起回忆和现实的时光机。文章结尾的"背影"——28 岁朱自清的眼泪里蕴含的是理解、惭愧和后悔,文章开头的背影——点题、悬念、首尾呼应,使文章形成一个完整的结构。

朱自清先生刻画的背影不仅留在了他自己的脑海中八年了,历久弥新,也深深印刻在我们所有人的脑海中。

我们以后写人记事,也应该选择最动情的事,写最动情的事更要突出最动情的形象与瞬间。

(设计意图:深入阅读文本,挖掘文字内涵,涵泳文章语言。逐步深入领悟父爱的深沉厚重和儿子情感的变化。)

(三)循背影,表达爱

请你以亲情为主题创作片段,片段中要定格一个最动情的形象或瞬间。

(设计意图:让学生仿照"背影"这个定格的特写镜头,进行个性化创作。培养学生言语实践能力,提升其语言智慧。)

结束语:作家余华在《第七天》中写道:我走遍这个城市的所有角落,眼睛里挤满老人们的身影,唯独没有父亲的脸庞。最深沉的思念莫过于此。同学们请珍惜我们的父母亲情,因为这世间只有两件事不能等:一是行善,二是尽孝。

(设计意图:结合前面两个环节的学习,让学生由对知识的领悟、内化转而到实践应用,落实教学目标和学生的学习目标,回应总结前面所学内容。由文本学习过渡到自我反思,由知识学习过渡到思想提升,切实在课堂上落实立德树人的根本任务。)

（四）板书设计

背 影

朱自清

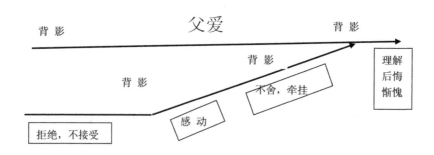

五、教学效果

本课教学过程中,学生表现活跃积极;课后学生也驻留了与预设目标相契合的语文知识。在授课第三个阶段我安排练笔,实现了语文教学中由阅读过渡到写作的目标。在写作练笔的反馈中,大部分学生能学会在自己创作的文章中选择最动情的事,写最动情的形象与瞬间来表情达意。学生文章中流露的情感也很自然,我们能从中看到学生在重新看待亲情和长辈时变得宽容、细心,体会也更加深切。

六、资源支持

信息技术:PPT

七、反思

(一)多样的评价方式

本课教学评价中对学生语文学习的态度、课堂表现、课外阅读情况、语文运用能力、创新能力等方面都纳入整体评价体系。其中朗读评价从学生的语音、语调、语气、情感等方面进行综合评价。

教学中让学生自评、互评利用小组活动进行小组评,师生互评。多种评价相结合,充分发挥评价的效能,有力发挥评价的引导和激励作用。

教学中教师结合教学目标审视课堂教学的落实情况,教师细致观察学生课上的反应,分析学生课堂答题时思路的清晰程度,抓住学生课上生成的内容不断设计梯度问题引导学生思维发展。在运用环节教师认真分析学生的生成,审视教学目标的达成度。

(二)扎实的教学效果

学科教学要培养学生的学科核心素养。核心素养以"全面发展的人"为根本出发点和最终归宿。

本课的深度学习过程中,学生课上反馈积极热情,字词句赏析到位,对亲情的理解更加深刻,练笔反馈已经达到教学的预设目标。听课教师反馈,从语言入手进行赏析尝试比较成功,文本挖掘有深度却又不晦涩难懂;学生在课上获取知识有广度,学生学习的自主性和教师的引导作用在课堂授课中结合巧妙,课堂气氛活跃。

1. 拓宽思路

导入环节,教师出示喜悦、坚毅、悲伤的背影图片。学生很直观了解了背影在一定程度确实可以诠释人物内心世界。这样的设计既为学生理解文本做好铺垫,也在课前导入环节将学生的思路聚焦到"背影"上。

而后围绕"背影"依次设计了三个板块学习,顺着情感线索一步步引导学生感知"背影"形象,体会四处"背影"中的父子情。

教学中学生的学习思路由对知识的学习内化过渡到实践应用进而过渡到思想提升,落实教学目标,切实在课堂上落实立德树人的根本任务。

2. 训练思维

教师和学生对文本的深度解读不是追求教学内容的难度,而是增加教学内容的广度,培养学生思维的广度和综合性。

本课教学中,师生聚焦到第六段描写"背影"的语言范例,深入挖掘文字背后蕴含的情感,分层次逐步推进。由于设计和生成的问题灵活且有针对性,学生的思维非常活跃,有很多既科学又新鲜的角度成为学生思考问题的方向,学生反馈的有效信息层出不穷,见解独到有深度,于是越来越多的学生开始试着去调整自己的学习思路和思维技巧。

3. 提升思想

以"亲情"为主题进行片段练习,立足提升学生的思想水平,让学生意识到亲情的可贵和默默付出,意识到在平淡的小事,在习以为常的坚守中父母流露出的浓浓亲情,课堂上让大胆表达对父母的爱,懂得及时回复父母亲情。本课教师对学生思想的引领在学科学习中随文逐层深入,自然实现对学生思想水平的提升。教师注重关注学生在学科学习中的思想建设,逐步形成学生终身发展需要必备的品格与关键能力。

祖国啊，我亲爱的祖国①

一、背景

（一）主题确定的缘由

这首诗是一首意象诗。意象是中国首创的一个审美范畴。最早源头可以上溯到《周易·系辞》。其云："子曰：书不尽言，言不尽意。然则圣人之意，其不可见乎？子曰：圣人立象以尽意。"所以意象的古义是"表意之象"，即意象就是客观物象和主观情思融合一致而形成的艺术形象。

意象不仅出现在中西文论中，也出现在朦胧诗中。朦胧诗韵律优美、主题丰富、情感真挚，在中国现当代诗歌中占有重要地位。学习具有意象的朦胧诗有助于全面提高学生的语文素养和审美能力。对诗歌文本的解读，关系到学生对诗歌内容的理解认知，以及对诗歌美的感悟，是诗歌教学的重点与难点。与文章的解读不同，诗歌言简意赅，语言含蓄隽永，言有尽而意无穷，需要读者无尽的想象，增加了解读的抽象性和难度。

因此，作为教师在教学的过程中，要注意探索意象，把握主题，激发学生的好奇心和求知欲。那么，我们如何把握诗歌中的主题呢？

教师要立足于作者生活的时代，抓住作品的意象。因为即便是同一种意象，在不同的时代背景下，也可能代表着不同的含义。

舒婷，1952 年生于福建厦门市，曾经下乡插队，在那里开始创作诗歌和散文，以表达对某种社会性问题的哲理思考，她创作了《祖国啊，我亲爱的祖国》《这也是一切》《土地情诗》等诗歌。诗歌更多的意象选择则倾向于"大我"和社会化，表现出一种人文和人道主义的关怀以及对祖国的热爱之情。

---

① 林萍，天津市第四十五中学。

《祖国啊,我亲爱的祖国》是舒婷的代表作之一,是一首深情的爱国之歌,具有鲜明的时代感和沉重的历史责任感,诗人用深沉悲痛的心情,委婉曲折的笔触,回顾了祖国数百年来贫困悲哀的历史,但是祖国和人民没有因贫困而丧失希望,而是在痛苦中怀有希望,终于在历史转折时期,站在了新刷出的雪白的起跑线上,表达了个人与祖国血脉相连、不可分割、荣辱与共的关系。

(二)学情分析

这篇文章是九年级下册第一单元诗歌单元的第一篇课文,九年级学生对诗歌的意象有所了解,因为之前我们学习过艾青的《我爱这土地》、马致远的《天净沙·秋思》等意象诗歌。这篇文章是舒婷的朦胧诗代表作之一,作者将个体的"我"熔铸在祖国的大形象里,并承担起为祖国取得"富饶""荣光""自由"的重任,表达了强烈的爱国之情和历史责任感。本诗意象较多,要指导学生正确理解这些意象的含义,了解舒婷的诗在委婉曲折中表达心声的特点。

朦胧诗的特点是篇幅不长、抽象、理解难度大。针对这一特点,在教学中我采用朗读法、讨论法、多媒体辅助法、练习法等教学方法。俗话说:"书读百遍,其义自见。"朗读是第一步,是关键。

朗读,是语文课堂教学中最具活力、感染力、创造力的因素。古人云:"诗言志。"即诗歌是抒情的载体,而诵读则是读者与作者沟通的最佳方式。作者抒发了何种感情,是通过何种方式抒发的,作者的痛苦从何而来,她的希冀存于何方,这些都需要我们通过诵读加以体会。

在朗诵环节,我们采用自由读、泛读、配乐朗诵和齐读的方式进行,通过朗诵让学生思考:读标题"祖国啊,我亲爱的祖国",你感悟到了什么?("我"对祖国的热爱。)

诵读的环节打开了学生和作者情感共鸣的大门,为了让学生们更加深刻地理解这首诗,我们采用抓住意象、把握情感的诗歌赏析方法。

二、目标

《课标》提出:"让学生注重审美体验,能感受形象,品味语言,领悟作品丰富的内涵,体会其艺术表现力,有自己的情感体验和思考。"九年级下册第一单元集中编排诗歌,教学重点也围绕诗歌的文体特征展开。学习诗歌,首先要关注诗歌的文体特征,有感情地朗诵诗歌,把握诗歌的韵律和节奏,发掘诗歌的音乐美、结构美、语言美。把握诗歌中的意象,体会诗人的情感,是本单元学习的重点。意象指寄托诗人主观感情的客观物象。诗歌的意象十分丰富、新颖,经常成组出现,使得诗歌情感浓烈,充满感染力。要引导学生联系特定的历史背景,仔细品读、揣摩这些意象的含义,理解诗人寄予的独特情感。

三、对象

对象:九年级学生

四、教学过程

(一)播放视频,导入新课

1.金秋十月,秋风送爽,盛大的国庆阅兵仪式在北京隆重举行,庄严的天安门见证了祖国母亲此刻的荣光,华夏亿万儿女铭记那辉煌的时刻,我们为祖国母亲的繁荣呐喊,为祖国母亲的昌盛喝彩,如今的中国正向中国特色社会主义康庄大道阔步走去,下面我们回顾一段小视频(国庆大阅兵),看完这段视频我们的内心久久不能平静,但是你可曾知道,曾经的祖国也饱受磨难和风霜,面对苦难中的祖国,青年诗人舒婷写下了《祖国啊,我亲爱的祖国》这首诗,今天我们一起来学习一下。

2.解题:通过这个标题,你读出了什么?("我"爱祖国。)

（二）知人论世，作者背景（课前预习，独立完成）

这里的"我"加了双引号，具有强调的作用，不仅指作者舒婷，更是另有所指。我们要了解作者舒婷和写这首诗时祖国刚刚经历的一段艰难的岁月。这首诗发表于 1979 年 7 月，中国刚从苦难中走过来，迎来了新生。这首诗有着沉重的历史感，表达了一种希冀光明的痛苦。

（三）朗读：自由读、学生范读与点评、视频范读、齐读

古人云："诗言志。"即诗歌是抒情的载体，而诵读则是读者与作者沟通的最佳方式。作者抒发了何种感情，是通过何种方式抒情的，她的痛苦从何而来，她的希冀存于何方，这都需要学生通过诵读加以体会。

1.自由读。

2.师生范读（朗诵伴奏视频）与点评：

（先请一位学生朗读这首诗→让一生点评→点评后试读）

全诗分为四个小节，每一小节都以"祖国啊"结尾，这是"我"对祖国深情的呼唤，但每一小节所描写的祖国面貌不同，所抒发的诗人内心情感不同，因而我们在读的时候语调也要有所不同。（教师指导）

（1）教师范读第一节。（先明确这是一种深沉、悲痛的情感，怎样读出这种难以名状的悲哀的心情，感受这种伤心欲碎的感情？语速缓慢，语调低沉，修饰语和中心词需要重读。）

（2）某个女生范读第二节。（虽然痛苦，但有希望，节奏感比第一节要强，语调稍微要高一点，但语速仍然是舒缓和缓慢，本节是诗歌情感的转折点，以下诗句开始出现亮色和激情。）

（3）某个男生范读第三节。（由悲哀愁苦变得欣喜和激动，语调变得高昂，节奏变得急促，声音要高且重。）

（4）全班齐读第四节。（最后一节热烈而富含深情，语调要更高亢和激昂。）

节	祖国的面貌	情感	语调
第一节	贫穷、落后	沉重悲痛	低沉
第二节	贫困悲哀痛苦追求	痛苦希望	舒缓
第三节	新生希望	欣喜	兴奋
第四节	走向富饶、自由	献身祖国	激昂

3. 斯琴高娃配乐朗诵。(教师点评)

4. 全班齐读。

诵读的环节打开了我们和作者情感共鸣的大门,我们朗读的时候要抓住意象,把握情感。

(四)赏析:抓住意象、把握情感

什么是意象? 在讲艾青《我爱这土地》时讲解过,意象就是客观物象和主观情思融合一致而形成的艺术形象。

学生们在了解意象的基础上,迅速地浏览第一小节,按照行文顺序,找出意象及修饰语,通过这些意象及修饰语,我们能感受到此刻的祖国是一个怎样的状况? 诗人内心的情感是怎样的?(师生共读)

诗人使用了"破旧的老水车""熏黑的矿灯""干瘪的稻穗""失修的路基""淤滩上的驳船"等意象。水车是用于农业灌溉的,破旧的老水车和干瘪的稻穗都应该象征着祖国农业的落后,熏黑的矿灯象征着祖国工业的衰败,失修的路基和淤滩上的驳船,都象征着祖国交通运输业的落后。

通过这些意象我们能感受到此刻的祖国是一个贫困落后、发展缓慢的祖国,诗人舒婷非常热爱我们的祖国,面对祖国这样的面貌,她爱得越深,心中的情感也就越痛苦。

师:下面大家结合我们一起分析第一小节的方法,给大家一分钟的时间,独立思考第二小节出现了哪些意象? 诗人内心的情感又是怎样的?(独立思考,找学生回答。)

师：诗人使用了"花朵"这一意象，我们知道花朵很漂亮，给人一种美的享受，一起来看一下花朵前面的修饰语是什么——是"飞天袖间""千百年来未落到地面"。

学生们可能对飞天的意思并不是很理解。"飞天"是传说中能在天空飞舞的神，在民间备受尊崇，寄托着淳朴百姓对生活的祈愿。"飞天袖间的花朵"是美丽的，代表了人民的希望。然而"千百年来未落到地面"，表明这"花朵"离我们很遥远，言外之意是希望并没有实现，仍然在孕育。但它存在着就会带给我们努力奋争的力量。

前两小节主要是写了过去的祖国贫穷、落后的面貌，那么诗人内心情感的主基调是什么呢？（深沉、悲痛、痛苦）写板书。

师：下面我们一起来赏析第三、四小节。这两节，我们分小组讨论，给大家三分钟的时间讨论，讨论的问题请看大屏幕，讨论完毕以小组为单位发言。

第三节的意象是簇新的理想、雪被下古莲的胚芽，挂着眼泪的笑涡，新刷出的雪白的起跑线；绯红的黎明。雪被下古莲的胚芽写出了种子刚刚萌发，象征着祖国摆脱了束缚，获得了新生；起跑线写出了新生的祖国站在一个全新的起点上，马上就要奋力奔跑、努力拼搏了；绯红的黎明正在喷薄，预示着祖国的发展前景，前途光明，祖国的明天更加美好。

师：通过这些意象我们可以看出现在的祖国是新生的，充满希望的。面对这一系列生机勃勃、充满希望的意象，诗人内心的情感是怎样的？（欣喜、高兴、喜悦、激动等。）

师：第四节的意象是伤痕累累的乳房，我们的祖国饱受磨难、遍体鳞伤，但她仍然用伤痕累累的乳房喂养了迷惘的我、深思的我、沸腾的我，那么我用什么去报答祖国母亲对我的养育之恩呢？我们齐读一下！"那就从我的血肉之躯上去取得你的富饶、你的荣光、你的自由。"此时的祖国是一个什么样的祖国呢？（走向富饶、荣光和自由的祖国。）表达了诗人对祖国母亲什么样的情感呢？（献身祖国、报效祖国。）

师:如果第一节和第二节是写过去的祖国,那么第三节和第四节就是写现在的祖国,写它获得了新生和希望,逐步走向富饶和自由。诗人看到祖国日新月异的变化,她的心情是怎样的呢?(欣喜、高兴、喜悦、激动等)写板书

(五)问题探究

师:通读全诗,我们能感受到"我"对祖国深厚的感情,那么文中的"我"仅仅指诗人自己吗?"我"与祖国是一种什么关系?

师:"我"不仅指诗人自己,而是指和祖国一起从苦难中走过来,并且担负起振兴中华历史使命的一代人。"我"和祖国生死相依、血肉相连,荣辱与共,我的形象是和祖国的形象熔铸在一起的。

(六)再次齐读

爱国是一个永恒的主题,最后,让我们理解这首诗的基础上再次齐读一遍课文,注意语速、节奏、重音及感情。

(七)拓展延伸:《中华少年》

中华少年
李少白

从巍峨峻拔的高原走来,

我是冰山上的一朵雪莲;

从碧波环抱的宝岛走来,

我是海风中的一只乳(rǔ)燕;

从苍苍茫茫的草原走来,

我是蓝天下翱(áo)翔的雏鹰;

从七沟八梁的黄土坡走来,

我是黄河边鲜嫩的山丹丹。

啊！神州大地生长的希望，

我们是中华的少年！

问题：

1.这首诗出现了哪些意象？

2.这些意象分别象征了谁怎样的品格？

3.这首诗抒发了中华少年怎样的情感？

明确：

"雪莲"喻指纯洁，"海燕"喻指勇敢乐观，"雏鹰"喻指抱负远大，"山丹丹"喻指热烈顽强。《中华少年》作者以新时代中华少年的视角激情赞美了祖国，抒发了作为中华少年的由衷自豪之情，同时也表达了中华少年建设中华的坚强决心。

（八）拓展延伸：《中华少年》

学生们，你们是中华的少年，是祖国的花朵，是中国的未来和希望。希望通过本节课的学习，我们能够更加热爱我们的祖国，爱她，不仅爱她的荣光，也爱她的苦难，并时刻准备着，为她奉献我们的青春和热血。我们和祖国血脉相连、不可分割，无论何时何地，祖国母亲永远是我们最坚强的后盾，是我们的家。

五、教学效果

按照《课标》的要求，诗歌教学应该对学生进行知识、情感、审美的教育，尤其强调学生在其中的主体地位。在这节课的教学中，笔者充分发挥学生的主体作用，教师的引导作用，所有的教学活动都以激发和调动学生的学习兴趣为前提，注重对学生进行知识、情感和审美能力的培养和教育；课堂气氛融洽和谐，学生探究活动活跃有序。整个教学过程是一个循序渐进的互动过程，激发学生的学习兴趣，让学生品读感受、探讨研究诗歌之美，通过每一个环节的细致引导，最终达到让学生热爱诗歌、体会和发现诗歌之美的目的。

六、资源支持

在现代的语文教学过程中,信息技术与语文教学的整合成为当前教学的热点。在课堂上,多媒体可以给学生更加直观形象的展示。

语文教材与课外丰富的文本资源互通有无,互相呼应,课外文本资源引入课堂教学,能使语文课堂更具语文味道,在情感上更动人心弦,对教材的理解上更深入透彻。

语文是综合的学科,在语文教学中通常还会涉及其他学科的内容,如学习本课,学生们还要了解一定的历史知识,这样才能更好地把握诗人的情感。

七、评价

在本节课的教学中,"双基"目标基本达成,教学过程中教师的思路清晰,结构严谨,过渡自然,重点突出。同时注重学生学法的指导,充分发挥学生的主体作用,课堂气氛活跃有序,学生既学习了文化知识,又提高了自主学习和解决问题的能力。课后很多学生反馈,通过这节课的学习,他们不仅感受到了诗歌的音乐美、结构美、语言美,同时理解了诗人舒婷在诗歌中抒发的强烈的爱国之情和历史责任感;他们的朗诵能力和探究能力也得到了锻炼。

八、反思

《祖国啊,我亲爱的祖国》虽然只有一节课的课容量,但在讲解和探讨的过程中,笔者觉得这节课具有以下特征:

首先,朗读法给教学带来了意想不到的效果,朗读给学生提供了一个重要的"抓手","书读百遍,其义自见",通过朗读,学生读出了朦胧诗歌的朦胧意蕴。

其次,学习方法有层次,循序渐进。由朗读入手,意象揣摩,体味情感,步步前行,符合学生的认知走向,也符合朦胧诗歌的解读路径。

再次,问题探究改变了传统教学的满堂灌模式,让学生大胆质疑,主动进行探究与思考,发现问题根源,找到问题突破口,提高学生发现问题、分析问题和解决问题的能力。

最后,拓展延伸,指导学生由课内迁移到课外,让学生走进大语文的广阔天地,提高学生的语文综合能力和语文素养。

总之,诗歌语言简练、意蕴丰富、情感真挚。现代诗歌的解读对学生的文化底蕴提出了更高的要求,学生们不仅要增加阅读量,拓宽自己的知识面,还要课上积极思考,大胆质疑,师生互动,在相互的交流中提升自己的学习能力,提高自己的语文素养。现代诗歌的解读同样对教师提出了更高的要求,作为一名中青年教师,自己的思考和提升空间还很大,"路漫漫其修远兮,吾将上下而求索"。

走进民主法制时代的《卖炭翁》[①]

一、背景

(一)主题确定的缘由

《卖炭翁》是八年级下册第六单元"唐诗三首"中的一首诗。"唐诗三首"一课选择了杜甫的《石壕吏》《茅屋为秋风所破歌》以及白居易的《卖炭翁》。杜甫的两首诗写在安史之乱时期,《卖炭翁》写在唐朝"宫市"制度为害最深的时期。

课下,有学生说,《石壕吏》《卖炭翁》中的事与杜甫、白居易有什么关系?从学生的问题中,可见学生对历史背景、对诗人的社会担当、对文学的社会责任缺乏基本认识。

---

① 王鑫,天津市第七中学

因此,本课最后一首诗《卖炭翁》的教学过程便以"苦宫市"为基点,向民主法制的方向画出对角线,将诗歌学习过程放置在了创设的法律节目情境中,"关系"上诗人,形成背观宫市制度的情境,让学生在理解现代民主法制思想优越性的基础上,理解当时诗人们的济世情怀。

(二)学情分析

白居易的诗歌被称为"老妪能解",语言通俗易懂。即使是随机派位学生,也不需要逐字逐句细致翻译。八年级的学生已经有一定的文言基础和诗歌鉴赏能力,在诵读和预习问题的辅助下,结合书下注释不难理解诗义。但学生的知识面较窄,对诗人的创作动机和诗歌主旨的认识有一定的局限性。

二、目标

(一)把握诗歌的节奏和韵律朗读诗歌,在朗读中领悟诗歌内涵。

(二)了解卖炭翁生活的艰辛,体会诗人对劳动人民的深切同情和对统治阶级与不合理制度的愤怒与抗议。

三、对象

八年级学生

四、教学过程

(一)创设民主法制情境,把舞台交给学生

今天的课堂是一档法制类穿越节目的现场。

1.第一个环节——案卷调查

由学生扮演法制节目主持人,介绍本期节目与大家分享的案例。

主持人:欢迎大家走进《法眼连连看》节目现场。本期节目与大家分享的案例是长安法院受理的宫廷太监状告左拾遗白居易以其诗作《卖炭翁》讽刺宫市制度,藐视朝廷,忤逆犯上一案。长安法院迅速对此案展开立案调查。法官首先约谈了被告白居易。

接下来,扮演白居易的学生上场,阐述《卖炭翁》一诗的创作动机,描述目击现场(老翁的状况和宫使掠夺的过程),明确时代背景,表明"文章合为时而著,歌诗合为事而作"的新乐府运动主张。

之后,主持人进一步讲述案件进展,引领大家关注事件细节,最后说明案件结果——最终,法院判被告白居易胜诉;从此,《卖炭翁》被广为传诵。

2.第二个环节——**读诗理事**

主持人:今天节目现场,八年九班的学生们为我们带来《卖炭翁》的朗诵,请大家欣赏。

这里,学生们以个别读、齐读等多层次朗读的形式朗读诗歌。

然后,由八年九班班长为大家现场讲诗。

3.第三个环节——**拍案说法**

学生们进行角色转换,由朗读者转换为法制节目现场评论员。在主持人的引导下,结合诗作评价案例,畅所欲言。

最后,主持人总结。

(二)设计意图:围绕主题设计教学情境和教学活动

1.**教学情境设计**

《卖炭翁》是叙事诗、讽喻诗,叙的是什么事,讽的是哪些人,这是我们读这首诗最基本要了解的内容。现辑录几位学生读诗后的感想如下:

生1:卖炭翁是人间疾苦的缩影。百姓受到了不公平的待遇,社会地位低下。白居易有社会责任感,诗歌表达了诗人对贫苦百姓的同情。

生2:宫使低价"买"炭,肆意妄为。老翁被抢炭后心中一定充满了无奈和辛酸。可以想见老翁失去经济来源后生活的艰辛、贫困。

生3:何止艰辛、贫困! 老翁卖炭得钱的希望破灭后一定是绝望的。宫市的腐败,让统治者和老百姓生活环境存在巨大差异。

生4:《卖炭翁》中"心忧炭贱愿天寒"是令我记忆最为深刻的一句话,这句话写出了卖炭翁的愿望与处境相互矛盾的情景,也道出了卖炭翁穷困潦倒,备受压迫的生活处境,令人无比心疼。"正人君子们"以低价强购货物,甚至不给分文,还勒索"进奉"的"门户钱"及"脚价钱",真是让人怒气难平。

从学生们的感想中可以看出,这是在今天民主与法治深入人心的时代学生们的立场观点。

我们让"民主与法治"的思想穿越到中唐,设计反观宫市制度的情境,这样更突显出当时不平等的社会现实,更有利于学生理解像杜甫、白居易这些有担当的知识分子的社会责任感,更有助于学生理解"文章合为时而著,歌诗合为事而作"的文学承担,更能潜在地引导学生珍惜今天的幸福。

在这个情境下,我们可以引导学生进一步思考:案件的结局为什么只说"被告白居易胜诉",全然不提原告的情况;我们同情老翁的同时,有什么办法可以改变他的生存现状;进而可以联系前面学习的《大道之行也》,进一步探讨孔子提出的"大同社会"的理念……

2.教学活动设计

本着"把舞台留给学生"的宗旨,每一个环节都让学生主唱,由学生自主完成,给学生充分展示的平台。

学生的角色可跳出跳入,可转换,改变以往课堂上学生的单纯身份。在这个教学情境中,主持、主讲、角色扮演都由学生自主完成,自己掌控;观点见解畅所欲言,充分展示出学生在教学活动中的主体地位。

五、教学效果

充分给学生发挥的空间,调动学生的积极性。从学生上交的学诗后的感想看,学生能较好地把握诗歌的主旨,并有自己的见解。

六、资源支持

多媒体课件

七、评价

生：这堂课我们在新颖的情境中学习了《卖炭翁》，自己也融入了情境。我感受到了老翁生活的艰辛，感受到了诗人的情怀，感受到了在那个时代人们敢怒不敢言的状况，更觉生在这个时代是幸福的。

八、反思

此项教学活动设计需要在课下做一定量的预习、铺垫和准备工作。在课下环节，有更多自己作为教师设计意志的主导，学生在我的既定框架下来做，有些表述有刻意设计的成分。还应该多和学生交流沟通，在设计环节多给学生空间，从而增强课上学生自主发挥的灵活性。在讲诗环节，还需细化设计，让更多的学生参与其中。

第二节　教学设计

立足深度教学　落实立德树人[①]
——《猫》教学案例

一、背景描述

（一）主题确定的缘由

华中师范大学郭元祥教授认为：深度教学不是指教学内容越深越好，而是相对于知识的内在构成要素而言，丰富教学的层次，实现知识教学的丰富价值。深度教学的目的是引导学生进行深度学习，进而提升学习层次，提高学习能力，培养语文素养；立德树人和语文教学有着密切的联系，只有在语文教学中紧紧围绕立德树人教育去教育学生，才能更加凸显出立德树人在教育教学中的重要性，让语文教学更上一层楼。

（二）学情分析

七年级的学生具有较强的好奇心，一旦调动起来，课堂效率会大大提高，课堂中调动学生的学习积极性，着重训练学生的思维，让学生高效地参与到课程的学习中，进而产生自己的思考和感悟，获得知识，提高语文素养；七年级的学生阅历尚浅，对于有关生命、平等的话题鲜有共鸣，空洞的讲解说教并不能深入其心，只有真正地参与、体验，才能让他们获得感悟；初中阶段是学生人生观、价值观日趋成熟的阶段，让他们学会善待生命非常重要。在语文

---

①　于珍，天津市第四十五中学。

教学中,要教会学生做人,树立良好的品德。

二、教学目标

(一)在默读的基础上,学会圈点勾画重要词语和语句。

(二)梳理文章思路。

(三)体会作者思想情感前后变化。

(四)多角度理解文章主旨。

三、教学重难点分析及解决措施

(一)重点与难点

1.体会作者思想情感前后变化

2.多角度理解文章主旨

(二)解决措施

指导学生默读课文,从中提取重要信息,圈点勾画关键语句,分析重点词语,体会作者思想情感的前后变化,通过小组合作探究,多角度理解文章的主旨。

四、教学准备

Focusky 动画演示大师

五、教学设计

(一)导入新课

一到两名学生播放自己录制的自己猫的短视频,并做简单介绍。

师:猫是大家都很熟悉的一种小动物,很多作家常常通过写猫,表达丰富的人生体验。今天,我们一起来聆听郑振铎先生笔下猫的故事。请大家把书

翻到 16 课。(板书课题、作者)

(二)整体感知

师:昨天我们布置了预习作业,大家默读课文后,圈点勾画有关描写猫的语句,并完成课后练习一,请同桌学生互相交流一下,看看是否有需要补充和修改的地方。我们来分享一下预习成果。

(三)情感变化

师:预习作业大家完成得很好,通过表格,我们对三只猫的情况有了整体的把握,那么我家三次养猫的共同点是什么?

预设:我家养了好几次的猫,结局总是失踪或死亡。

师:"失踪死亡"用文中的一个词语来表述就是——

预设:"亡失"。

师:除了猫的结局是相同的,还有没有其他的共同点?

预设:猫亡失后,我都是伤心难过的。(情感)

师:第一只猫亡失后,哪些语句体现我的难过?

预设:第一只猫亡失后,作者写道:"我心里也感着一缕的酸辛,可怜这两月来相伴的小侣。"

师:很好,请学生们用笔圈出关键字:一缕的酸辛、可怜。一缕的酸辛如何理解?

预设:我喜欢这只猫,它陪伴我们两个月,带给我许多快乐,最后病死了,我有一点难过。

师:它带给我什么样的快乐? 像三妹那样和小猫玩耍的快乐吗?

预设:感受生命的新鲜与美好。

师:我感受到生命的美好,第一只猫病死了,可怜这两月来相伴的小侣,"可怜"写出"我"对小猫生命的怜惜,给我带来快乐的鲜活的生命逝去了,我感到淡淡的忧伤。

师:我安慰三妹:"不要紧,我再向别处要一只来给你。"表明要再养一只猫。

师:我的情感变化:从喜欢到一缕酸辛。

师:第二只猫亡失后,哪些语句体现我的难过?

预设:第二只猫亡失后,作者写道:"我也怅然的,愤恨的,在咒骂着那个不知名的夺去我们所爱的东西的人。"

师:为什么怅然?

预设:喜欢的猫被人捉走了。

师:愤恨什么?

预设:恨抓走猫的人,也恨周家丫头不帮忙阻止路人捉我们的猫。

师:好久不养猫,为什么?

预设:两次都失去了喜爱的猫,不仅不想再品尝失去美好事物的痛楚,而且痛恨损人利己、自私自利的人和自私冷漠的人,他们的存在,造成了这样的悲剧。

我的情感变化:从更喜欢到怅然愤恨

师:第三只猫亡失后,我的情感?

预设:我对于它的亡失,比以前的两只猫的亡失,更难过的多。

师:请大家用红笔把这个句子画出来,把"亡失"和"难过"两个词语圈出来,我们想想,读表达难过的句子,语速应该是快还是慢?语速应该慢一些,为了读得不那么平淡,有些词语应该重读,哪些?亡失、难过、更难过

师:再找一名学生把这个句子读一遍,这样就把难过的意味读出来了。

师:前两只猫,我很喜欢,它们亡失,我难过,这很自然,而第三只猫,我明明不喜欢它,它死了我反而更难过?甚至永不养猫,为什么?

预设:因为我冤枉了它。(我误会它吃了我的芙蓉鸟,打了它,造成了它的死亡)

师:我们来看看"芙蓉鸟事件",请大家默读课文第17段至第28段,勾画

出芙蓉鸟死了以后,全家人的反应是什么。

预设:1.张妈最先发现;2.我看到了鸟的惨状;3.圈出关键词:愤怒、一定是猫(反复);4.张妈默默无言;5.三妹帮忙找猫。

我很愤怒,叫道:"一定是猫,一定是猫!"于是立刻便去找它。(反复修辞、感叹语气,感情强烈。)

妻听见了,也匆匆地跑下来,看了死鸟,很难过,便道:"不是这猫咬死的还有谁?它常常对鸟笼望着……哪两句最关键? 不是这猫咬死的还有谁?它常常对鸟笼望着(反问句,强调作用)师:看到全家人的反应,我们基本上可以得出一个结论:认为是第三只猫咬死了芙蓉鸟。

师:仔细看这部分文字,想一想:我们判定这只猫是凶手,依据是什么?

预设:1.那只花白猫对这对黄鸟,似乎也特别注意,常常跳在桌上,对鸟笼凝望着。关键词语:特别注意、常常、凝望(有作案嫌疑)。

2.隔一会儿,它又跳到桌上对鸟笼凝望着了圈出关键词语:又、凝望(凝望频率高)。

3.嘴里好像还在吃着什么,它一定是在吃着这可怜的鸟的腿了(似乎抓到了证据,更加证实了我的判断)。

师:最终我得知黑猫是吃芙蓉鸟的真凶,请大家看书 95 页,全班齐读课文第 30 段至第 34 段。

师:我开始觉得我是错了,我哪里做错了?

预设:妄下断语、冤枉了猫、我的暴怒(愤怒),我的虐待(打猫)。

师:做错事情并不可怕,最可怕的是——无法补救过失、永无改正机会。

师:第一只猫是自然死亡,我无能为力,第二只猫的亡失和我少加管束、无意的放纵多少有些关系,而第三只猫完全是我的刻意惩罚导致它最终失去了生命,责任完全在我。所以我对本就不喜欢的第三只猫的亡失,比前两只猫的亡失,更难过得多,因为我对它满怀——愧疚之情。"我"的情感变化:从不喜欢到愧疚。

师:回顾整个事件,你理解我当时的这种愤怒情绪吗?你同意我的这种做法吗?

预设:同意,猫本来就是吃鸟的。

不同意1.猫开始很瘦——渐渐的肥胖了——成了壮猫,吃得胖胖的,不缺少食物,有必要吃鸟吗?

2.本来就不喜欢这只猫,有偏见,把它的一切举动都视为罪证。

3.同样都是养在家里的宠物,同样都是生命,芙蓉鸟的生命我很珍惜,怎么能那么轻易的忽视践踏猫的生命呢?

这些问题我们课后可以继续思考和讨论。

(四)挖掘主题

师:作为人,应该怎样做才能避免这样的惨剧发生呢?(从文章中找依据,不要脱离文本凭空想)(小组讨论)。

预设:1.关爱动物。

2.善待生命。

3.不要主观臆断,要实事求是,调查取证。

4.不随意冤枉,给辩白的机会。

5.不能凭个人好恶、偏见处理事情。

6.平等的对待万事万物(对物、对人)。

师:我之所以怒气冲冲的棒打花白猫,正是把自己作为了万事万物的主宰者,我居高临下,俯视一切,随意处置,我们应平等的对待万事万物,与万物和谐相处。其中平等最为关键,有平等观念才能关爱动物,尊重生命,不臆断、不冤枉、无偏见,才能更和谐。

师:文章标题是《猫》,文中主要写了三只猫的经历,我们再仔细想想,作者仅仅是在写猫吗?猫的这些经历和某些人的经历何其相似,尤其是第三只猫,它天性忧郁,不讨人喜欢,蒙冤受屈,含冤而死。在当时动荡不安的旧中国,遭遇此种命运的又何止一只猫,这分明是那些贫苦者、弱小者、不幸者的命运写照。

文中通过我的自责自省,告诉我们对那些弱小者,要给予尊重、帮助和同情。有些人是在对弱者的肆意欺凌中显示自己的强大的,这其实是一种野蛮的行为,真正的强者是从对弱者的保护中彰显出来的,这才是人类真正的强大。

师:文以载道,言为心声,作者之所以能够仅仅通过猫就传达出平等、民主、博爱等思想,正因为作者当时深受五四运动的影响,才会把自己的想法投射到作品中。所以我们今后在学习文学作品时,要学会了解背景和作者当时的经历,这样对我们深入理解文学作品有很大的帮助。

师:总结课文在我们的生活中,其实还有像文中第三只猫一样的人,我们能想到哪些人? 为了生计进城务工的农民工,为了养家糊口早出晚归,风餐露宿的清洁工,他们力量弱小,生活艰难。对于这样的人,我们更应对他们多一些理解与尊重,多一份关心与帮助。

(五)作业

1.必做题:归纳主题,写在作业本上。

2.选做题:课外阅读夏丏尊的《猫》,靳以的《猫》,与课文比较,体会这些文章中表达的思想感情。

六、板书提纲

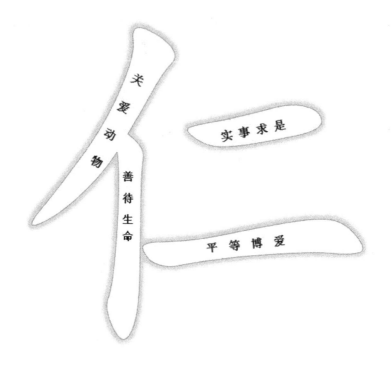

七、教学效果及反思

通过师生共同研读文本，了解郑振铎先生笔下三只猫的故事，激励学生深度参与，从讲述自己家中猫的故事，到深入体会郑振铎先生失去猫的情感变化，让学生感受到生命的新鲜与美好，从而对世间万物充满爱心，最终引导学生走进生活，关注生活中力量弱小，生活艰难的人，对他们多一些理解与尊重，多一份关心与帮助，把语文知识和立德树人结合起来。课后分层次布置作业，有必做题和选做题，学生根据自身学习情况，完成相应的作业，对语文能力较强的学生，引导他们课外阅读夏丐尊的《猫》，靳以的《猫》，从课内延伸到课外，争取做到博览群书，开阔眼界，扩展视野，达到了很好的教学效果。

本堂课利用圈点批注和合作探究的方法，选取了文中在猫亡失后能够充分表达作者感情的三个关键语句,创设了引领学生品味作者感情和态度的教学抓手。学生在找寻前两个句子时非常顺利,在找寻第三只猫亡失后作者的情感句子时稍有困顿,没能很快找出作者的思想倾向句:我对于它的亡失,比以前的两只猫的亡失,更难过的多。但是教师随即根据教学预设,引导学生从"亡失""难过"入手迅速找出了相关内容,并在芙蓉鸟事件的分析之后,体会了作者对第三只猫的愧疚。在主题的挖掘中,不仅关注爱护动物,实事求是,更引领学生深度挖掘,让学生领悟到要善待一切生命、要与万事万物平等和谐相处,激发出对文本中人文情怀的深度理解。

本课的教学体现了深度教学较强的参与性、探究性,充分发挥语文教师的作用,将教学和育人有机结合,在语文教学中实现立德树人的根本目的。

《散步》教学设计①

一、背景描述

本课是七年级上册第二单元中的第二篇课文。课文从一家人散步的生活琐事入手,以小见大,洋溢着浓浓的亲情。本文对学生习作练习来说,是一篇很好的范例,值得仔细品读研学。

二、教学目标

(一)整体感知课文,有感情朗读课文,品味揣摩本文优美的语言。

(二)体会以小见大的写作手法。

(三)把握感情基调,培养尊老爱幼、珍视亲情的情感。

---

① 王鑫,天津市第七中学。

三、教学重难点分析及解决措施

（一）重点与难点

1.理清课文内容,品味揣摩语句,体会景物描写的作用。

2.体会以小见大的写作手法,理解文章的主题内涵。

（二）解决措施

通过朗读感悟、文体互鉴、情境教学等形式手段达成教学目标。

四、教学准备

（一）课前预习,学习生字词,扫清文字障碍。

（二）多媒体课件、课文朗读音频。

五、教学设计

（一）背景简介,导入新课

本文的创作动机源于作者一家四口人一次真实的"散步"经历,作者的儿子叫道"前面也是妈妈和儿子,后面也是妈妈和儿子",由此触发了作者对"生命的感慨";而且美国汉学家柯尔特先生对中国孝道的看法也触发了作者写了这篇文章。

下面我们就走进这个温馨的家庭,一起来感受家庭成员间浓浓的亲情。

（二）自读课文,梳理内容提要

1.散步时间——初春。

2.散步地点——田野。

3.散步的人——我、母亲、妻子、儿子。

4.散步过程中发生了——分歧。

（用文中一个词回答）

（三）听朗读录音,评价人物(填空)

孝顺的我 　慈祥的母亲 　善良的妻子 　可爱的儿子

（四）下面有一幕短剧,请学生们分角色朗读,并与课文比较,看一看这幕短剧与课文比缺少什么? 有什么不同?

(地点1:家)

我:妈,今天天气很好,咱们一家人出去散散步吧!

母亲:我老了,身体不好,走远一点就觉得累,你们去吧! 我不去了。

我:正是因为岁数大了,才应该多走走,舒活舒活筋骨。

(地点2:田野)

儿子:快看,前面也是妈妈和儿子,后面也是妈妈和儿子!

(地点3:岔路口)

母亲:咱们走大路吧,大路平顺……

儿子:不! 要走小路! 小路有意思。

我:听话! 咱走大路!

母亲:还是走小路吧! 我走不过去的地方,你就背着我!

妻子:奶奶总是宠着孙子。

发现:剧本以对话为主,与课文相比缺少环境描写、动作描写、心理描写等细节描写。

（五）模仿朗读录音,有感情地朗读以下文段,品味语言,体会细节描写的作用;根据关键词,领悟句子内涵,在书上空白处做批注。

1. 环境描写

(1)这南方的初春的田野! 大块儿小块儿的新绿随意地铺着,有的浓,有的淡;树枝上的嫩芽儿也密了;田里的冬水也咕咕地起着水泡儿……这一切都使人想着一样东西——生命。

关键词:生机、活力、铺垫。

（2）她的眼睛顺小路望过去：那里有金色的菜花、两行整齐的桑树，尽头一口水波粼粼的鱼塘。

（3）关键词：风景、原因。

2.人物描写（分歧—和睦）

（1）后来发生了分歧：我的母亲要走大路，大路平顺；我的儿子要走小路，小路有意思……不过，一切都取决于"我"。我的母亲老了，她早已习惯听从她强壮的儿子；我的儿子还小，他还习惯听从他高大的父亲；妻子呢，在外面，她总是听我的。一霎时，我感到了责任的重大，就像领袖人物在严重关头时那样。我想找一个两全的办法，找不出；我想拆散一家人，分成两路，各得其所，终不愿意。我决定委屈儿子了，因为我伴同他的时日还长，我伴同母亲的时日已短。我说："走大路。"但是母亲摸摸孙儿的小脑瓜，变了主意："还是走小路吧！"

关键词：互敬互爱。

（2）到了一处，我蹲下来，背起了我的母亲，妻子也蹲下来，背起了我们的儿子。我的母亲虽然高大，然而很瘦，自然不算重；儿子虽然很胖，毕竟幼小，自然也轻。但我和妻子都是慢慢地，稳稳地，走得很仔细，好像我背上的同她背上的加起来，就是整个世界。

关键词：一家人、孝老、护幼、责任。

（六）主旨归纳（填空）

本文记述了一家三代散步的生活琐事，让我们感受到了平常生活中的温馨、亲情的美好，体现了中华民族尊老爱幼、互敬互爱、和睦相处的美德。

（七）写作手法

本文写了一件关于"散步"的平凡小事，却让我们的认识和情感得到升华，感受到了亲情和美德，这就是"以小见大"的写法。

（八）仿照课文，完成"一幕幸福"小练笔。

请你选取一幕生活场景，尝试细节描写，运用"以小见大"的手法，展现亲情主题。

六、板书提纲

七、教学效果及反思

（一）教学效果

能突出重点，通过文体比对感悟细节描写的作用，明确写作要领，帮助学生学习选材立意，学习语言表达。

（二）反思

朗读环节的指导应更细化，应更有效地帮助学生在"读"中体会情感。

《说和做——记闻一多先生言行片段》教学设计[①]

一、背景描述

《说和做——记闻一多先生言行片段》用夹叙夹议的方法记述了闻一多先生作为学者方面和作为革命家方面的说做事迹。表现了他的崇高品格，高度赞扬了他的革命精神。

---

① 秦媛媛，天津市第七中学。

二、教学目标

（一）整体把握课文，领会文章的思想感情。

（二）学习围绕中心选择材料和裁剪材料的方法。

（三）学习闻一多先生严谨治学、敢说敢做、表里如一的崇高精神。

三、教学重难点分析及解决措施

（一）重点与难点 1.学习围绕中心选择材料和裁剪材料的方法。2.学习闻一多先生严谨治学、敢说敢做、表里如一的崇高精神。

（二）解决措施：学生认真品读后概括典型事例，表现中心。

四、教学准备

多媒体设备、教学 ppt 课件

五、教学设计

（一）导入

毛泽东同志在《别了，司徒雷登》一文中指出："许多曾经是自由主义者或民主个人主义者的人们，在美帝国主义者及其走狗国民党反动派面前站起来了。闻一多拍案而起，横眉怒对国民党的手枪，宁可倒下去，不愿屈服。"他高度赞扬了闻一多身上表现出来的我们民族的英雄气概。今天，让我们一起学习现代著名诗人臧克家的《说和做——记闻一多先生言行片段》，让我们从他身上去感受这种崇高的精神品格。（板书课题）

（二）整体感知

1.出示学习目标。（投影片或多媒体显示）

2.检查预习，扫清文字障碍。

3.课堂交流搜集到的资料,了解相关知识。(介绍诗人臧克家,介绍闻一多先生。)

4.学生朗读课文。要求:朗读时注意语气、语速、语调及重音的把握。学生带着问题听读课文。

(1)文章从哪两个方面来写闻一多先生"说和做"的?

明确:从学者的方面和革命家的方面来写的。

(2)每部分各写了闻一多学生"说和做"的什么特点?

明确:从学者方面看,"做了再说""做了不说";从革命家方面看,"说了就做""言论与行动完全一致"。

(3)围绕这两方面写了哪几件事?

明确:围绕"学者"方面,选取了闻一多写作《唐诗杂论》《楚辞校补》《古典新义》三本书的情况;围绕"革命家"方面,写了闻一多起稿政治传单、在群众大会上演说、参加游行示威这几件事。

(4)把这两方面综合起来看,闻一多先生是怎样的人?

明确:闻一多先生,是卓越的学者,热情澎湃的优秀诗人,大勇的革命烈士。他,是口的巨人。他,是行的高标。

(5)据此脉络,文章可分为几部分? 划分结构层次

明确:分两部分,第一自然段至第七自然段为第一部分,记述闻先生作为学者方面"做"了再"说""做"了也不"说"的特点;第八自然段至第二十自然段为第二部分,记述闻先生作为革命家方面"说"了就"做"的特点。

(三)课文思考

研读课文第一部分:学生默读,讨论下列问题(投影片或多媒体显示)

1.哪两句话是对闻先生作为学者"说和做"的高度概括?

明确:第一自然段、第二自然段。

2.闻一多先生潜心研究学术的目的是什么? 哪些语句生动形象地描绘了闻先生潜心研究学术?

明确:闻先生研究学术的目的是"要给衰微的民族开一剂救济的文化药方"。学生自己找出描绘闻先生潜心研究学术的语句。

3."一个又一个大的四方竹纸本子写满了密密麻麻的小楷,如群蚁排衙"。怎样理解"群蚁排衙"? 这句话表现出闻先生怎样的治学态度?

明确:"群蚁排衙",文中指闻先生写字工工整整,十分认真,他的手稿都是蝇头小楷,好像群蚁排衙,表现了闻先生严谨的治学态度。

4.用简练的语言概括闻先生学者形象。

明确:先生是一位为探索救国救民的出路而潜心学术、治学严谨、不畏艰辛、废寝忘食、终于在学术上取得累累硕果的卓越学者,言行一致的爱国者。

研读课文第二部分:学生有感情地朗读第二部分,要读出气势来,思考下列问题。

1.文中哪一句话是对作为民主战士闻一多先生的"说和做"的高度概括?

明确:现在,他"说"了就"做"。言论与行动完全一致,这是人格的写照,而且是以生命作为代价的。

2.闻一多先生说了,是怎么说的? 说的内容和目的是什么?

明确:起先,小声说,只有昆明的青年听得到;后来,声音越来越大,他向全国人民呼喊。内容和目的:叫人民起来,反对独裁,争取民主。

3.闻一多先生"说"了就做了,文中写他做了几件事? 反映了闻先生什么精神?

明确:三件事:(1)起稿政治传单;(2)群众大会演说;(3)参加游行示威,反映了闻一多先生的大无畏革命精神。

（四）探究学习

1.课文的两个部分之间,是用哪些话起过渡作用的? 把这些话找出来,说说是怎样起过渡作用的?

明确:文中第七自然段承接上文进行总结,并照应开头;第八、九自然段开启下文。

好处:承上启下,前后呼应,连缀紧密,脉络清楚,过渡自然,把闻先生作为学者和作为革命家方面的情况用极其简明的语言并列地提出来,给读者以深刻的印象。

2.把你认为生动优美的语句或词语划出来,并说说原因。

明确:"目不窥园,足不下楼,兀兀穷年,沥尽心血。"字词凝练,句式整齐,音调铿锵,感情浓烈,给人以强烈的感染。特别是一个"沥"字,深刻地表现了闻先生用心血一滴一滴浇灌学术研究花朵的精神,精当、凝练。

(五)拓展延伸

1.学习完这篇文章,你有哪些收获? 受到哪些启迪? 请结合自己的人生经历谈一谈。

2.学生思考,同桌讨论交流。

六、板书提纲:

	三本书	做了再说	治学严谨
闻一多先生的说和做	诗　人	做了不说	爱国热情
	三件事	说了就做	
	革命家	言行一致	

七、教学效果及反思

《说和做—记闻一多先生言行片段》是一篇经典的文章,本节课重点应放在触摸人物灵魂,感知人物精神内涵方面。教师作为引领者,采取了让学生自主、合作、探究的教学方式,让学生真正成为课堂的主人。

在第一部分的教学过程中,笔者注重了对某些词语的品位、某些语段的反复朗读,让学生加深理解、体会、感悟,起到了很好的教学效果。但在引导学生讨论作为卓越的学者第二部分时,朗读不够充分,品味的时间较短。这是这堂课中的一个小小的遗憾。所以在今后的教学中,应该多朗读、多品味,通过语言走入文本,感受作者的情思。

《三顾茅庐》教学设计

一、背景描述

《三顾茅庐》这篇课文是根据《三国演义》中第三十八回内容改编而成的。课文写刘备三顾茅庐,重点写第三次拜访,通过对人物的神态、动作、语言的描写,将张飞的莽撞、无礼,关羽的沉着稳重,尤其是刘备那礼贤下士、求贤若渴的形象栩栩如生地刻画出来。

二、教学目标

(一)了解小说《三国演义》及作者罗贯中。

(二)把握小说故事情节,学习本文通过人物语言、动作、神态来表现人物性格的写法,并有意识地运用到自己的写作中。

(三)了解刘备求贤若渴、礼贤下士和诸葛亮的雄才大略。

三、教学重难点分析及解决措施

(一)重点与难点

1.把握小说故事情节,学习本文通过人物语言、动作、神态来表现人物性格的写法。

2.了解刘备求贤若渴、礼贤下士和诸葛亮的雄才大略。

(二)解决措施

通过赏析文章中的人物动作、语言、神态等重点语句,分析人物性格特点,并体会这些描写的作用,有意识地运用到以后的写作中。

四、教学准备

PPT 课件

五、教学设计

（一）导入新课

播放电视剧《三国演义》的主题歌。

师：我们刚才听到的是电视剧《三国演义》的主题歌，也是同名小说的卷首词，在那明白如话的歌词里，却包含着笔墨难尽的历史沧桑。三国故事不少都是大家耳熟能详的。谁来说说你所了解的三国故事？

生：三英战吕布、三顾茅庐、赤壁大战、草船借箭……

师：看来大家知晓不少三国故事，《三顾茅庐》的故事更是家喻户晓。今天让我们一起走进文本《三顾茅庐》。首先检查一下大家的预习情况。

分小组展示作者介绍《三国演义》等相关知识。

师：与课文有关的内容：本节课选自《三国演义》第三十八回：定三分隆中对策，战长江孙氏报仇。

师：哪位学生能用一句话概括本课的故事情节？

生：课文讲述了刘备第三次前往茅庐，诚心诚意邀请诸葛亮出山，辅佐自己完成统一大业的故事。

（二）分析人物形象

师："三顾茅庐"在《三国志》中只有寥寥数语："由是先主遂诣亮，凡三往，乃见。"才华出众的罗贯中以史实为基础，融合大胆而合理的想象和虚构，对三国事件进行了再创造，演绎出如此生动曲折的故事，鲜明地表现小说中几个主要人物的个性，这段故事也成了脍炙人口的历史佳话。我们对这个故事也有加工和创造。下面我们就来和罗贯中比一比，看谁写得好。

师:先请创作者来给大家读读自己的作品,大家可以进行点评。

生:几天后,刘备派人打听到孔明已回,便叫人备马,张飞说:"孔明只不过是个乡村百姓,用不着哥哥亲自去,派个人把他叫来得了。"刘备把张飞斥责了一顿,说:"孔明是天下的大贤,怎么能随便去叫呢?"于是刘备备上了马,第三次去拜访孔明。关羽,张飞也紧跟大哥。这时正是深冬,天气很冷,他们走了几里地,天忽然刮起北风,下起大雪来,张飞抱怨道:"天这么冷,还跑远路去见那个没有用的人,真不如避雪。"刘备安慰道:"别多说了,跟我走便是了。"

生点评:有错字,造成语句不通顺,平铺直叙,单调乏味,很难吸引读者。

原文语言描写言简义丰,聊聊几句,可见三人性格。

关羽:认为诸葛亮浪得虚名,没有真才实学,所以避而不见,可见他的沉稳稳重,即使有隐约的不快和怀疑,说话也比较委婉;

张飞:粗鲁,莽撞,直爽。言行鲁莽,性格直爽;

刘备:称诸葛亮为大贤,大贤是非常有道德有才能的人,可见她对诸葛亮的敬重,思闲求才的诚心,他用周文王、齐桓公求贤的事实说服关、张二人,也可以看出他对于霸业的向往,有恢复汉室,成就霸业的志向和雄心。

师:可见作者笔下的人物是有思想,有情感,有性格的人物,是活灵活现的。所以我们在对人物进行语言描写时,要写能够体现人物性格,情感,思想的个性化语言。生动的语言描写可以展示人物的性格特征,表现人物的思想感情,反映人物的内心世界。除了个性化的语言,在塑造刘备的形象时,作者还具体细致地描绘了刘备的许多动作。

请看大屏幕:

1.离草庐半里之外,玄德便下马步行。

2.玄德徐步而入,见先生仰卧于草堂几席之上,玄德拱立阶下

3.(玄德)又立了一个时辰。

师:古代一里相当于现在的430米,半里就是200多米,刘备之前两次寻

访诸葛亮都没有遇到,此次得知诸葛亮在草庐之中,内心焦急,急于相见,按常理该快马加鞭直奔草庐,却在半里之外下马步行,为什么呢?

生1:古人对特别有地位或对自己特别敬仰的人表示极大的尊敬时,有"文官落轿,武官下马"的传统。例如孔庙前的下马碑,官员在杨家将的金波府前落轿下马表示尊敬,所以刘备在半里之外就下马步行,可见刘备对诸葛亮的尊敬重视。

生2:"徐"缓慢地恭敬地站着。说明刘备对有才有德的人以礼相待,诚心诚意对有才能的人不计自己的身份去结交。

师:在对人物进行动作描写时,要细致地描写人物的典型性动作,甚至是细小的动作,都能揭示人物的内心世界。

师:仔细地看了所有学生的作品,竟然没有一个学生对诸葛亮的外貌进行描写,这可是诸葛亮首次登台亮相,我们看看原著是如何描写的。

PPT:玄德见孔明身长八尺,面如冠玉,头戴纶巾,身披鹤氅,飘飘然有神仙之慨。

生3:从这个这段文字当中可以看出诸葛亮是一个高大英俊,气质非凡,儒雅脱俗,超凡脱俗,潇洒仙人,好似不食人间烟火。

师:"玄德见"原著从刘备的角度描写诸葛亮的外貌,体现刘备对诸葛亮的认可和满意,尊重和赞赏。确实是心中的理想人选,坚定了刘备对诸葛亮的信心,确实是有将相之才。

师:肖像描写要多角度,可以从作者的角度,人物自身的角度和其他人物的角度,达到言简义丰的效果,不仅描写了诸葛亮的外貌,而且也写出了刘备对诸葛亮的情感态度,节省了笔墨。文中还有很多精彩的语言动作描写,请学生们小组讨论自由赏析之后和大家分享结果。

(三)作业

运用多种人物描写方法,描写一个人物,使人物性格鲜明,栩栩如生。

（四）板书提纲

刘备：礼贤下士
张飞：言行鲁莽
关羽：沉着稳重
诸葛亮：雄才大略
}语言、动作、神态、肖像

七、教学效果及反思

《三顾茅庐》描述了刘备三次亲到隆中拜访诸葛亮，请他出山辅助自己，实现统一大业的故事。教学这课时，我把教学的重点放在了抓住人物的语言、动作、神态的描写上，体会人物的特点，让学生通过反复赏析关键语句，品味人物的性格特点，学会在塑造人物时，运用多种人物描写方法，把人物刻画得栩栩如生。

《天上的街市》教学设计①

一、背景描述

《天上的街市》取材于我国古代牛郎织女的传说。它借丰富新奇的联想和想象，描绘了美妙的天街景象，表达了诗人摆脱束缚、追求理想、向往自由幸福的思想感情。诗歌意境优美，节奏舒缓，有着古典诗歌的韵味和意趣，适合朗读。通过加强朗读指导能提高学生的朗读能力，探究调动学生想象思维，进而培养学生的想象力。

---

① 秦媛媛，天津市第七中学。

二、教学目标

(一)反复朗读诗歌,品味诗句,体会诗歌语言的音韵美。

(二)运用联想和想象,理解诗歌形象化的语言,进而培养学生的想象能力。

(三)描述诗中的想象世界,培养健康高尚的审美情趣和审美能力。

三、教学重难点分析及解决措施

(一)重点与难点

1.品味诗歌语言,理解意象,把握情感。

2.学习本文自然的联想和丰富的想象。

(二)解决措施

1.重视学生诵读,让学生在诵读实践中丰富语言的积累,培养语感,发展语感,通过朗读加深体验与领悟,进而理解诗歌中的意象,把握诗歌所表达的情感。

2.通过联想、想象的训练,发展学生的发散思维能力,激发想象力。

四、教学准备

多媒体设备、ppt课件

五、教学设计

(一)检查预习,导入新课

师:我们在夏夜乘凉的时候遥望满天星斗,星空总让我们感觉无比广阔和神秘,引发我们无限的遐想,那里流传过不少美丽的神话传说,其中就有我们所熟悉的牛郎织女的故事。大家一定想知道,牛郎织女正在天上做些什么呢? 就让我们跟着现代诗人郭沫若一起来遨游天上的街市。

昨天学生们都已经读了《牛郎织女》这个民间故事,谁能用一小段话概述一下?

生:一年相会一次,虽然他们的生活有点悲惨,不很完美。但是诗人郭沫若却怀着对未来美好生活的向往,展开丰富的想象力,创造性地运用了《牛郎织女》这个民间故事,为我们写下了一首清新的抒情小诗《天上的街市》。

(二)作家作品简介

1.作者简介:郭沫若(1892—1978),原名郭开贞,字鼎堂,号尚武,笔名沫若,四川乐山人。

2.文学成就:诗集《女神》《星空》《瓶》《前茅》等,散文《我的幼年》《创造十年》等,戏剧《屈原》《虎符》《棠棣之花》《高渐离》《蔡文姬》《武则天》等。

(三)介绍作品背景

《天上的街市》选自诗人第二部诗集《星空》。1921—1923年,郭沫若三次从日本回国。这时,五四运动高潮已过,中国正处于军阀混战时期。面对半殖民地半封建社会那"冷酷如铁! 黑暗如漆! 腥秽如血!"的黑暗现实,郭沫若感到极大的愤怒、苦闷与感伤,但他并没有悲观失望,依然不断地进行探索和追求。就是这一时期,1921年10月24日,作者写下了——《天上的街市》这首诗歌。

(四)一读诗歌,体会音乐美。

1.生自由读,后指名朗读。

2.投影展示。

朗读指导:节奏不宜强,声音不宜大,速度不宜快,做到轻松、柔和、舒缓。

3.同桌互读,后师范读。

4.听录音,了解本诗的节奏和重音。

天上的街市

郭沫若

远远的/街灯/明了，

好像/闪着/无数的/明星。

天上的/明星/现了，

好像/点着/无数的/街灯。

我想/那缥缈的/空中，

定然/有美丽的/街市。

街市上/陈列的/一些/物品，

定然是/世上/没有的/珍奇。

你看，/那浅浅的/天河，

定然是/不甚/宽广。

那/隔着河的/牛郎/织女，

定能够/骑着牛儿/来往。

我想/他们/此刻，

定然/在/天街/闲游。

不信，/请看/那朵流星，

是他们/提着/灯笼/在走。

（五）二读诗歌：想象图画美。学生在自由朗读后，完成以下内容：

1.天上的街市的画面是很美，请你为每一小节拟一个题目。

如：灯星辉映图(1)繁华街市图(2)

　　骑牛来往图(3)提灯闲游图(4)

　　2.你认为诗中哪些词语把诗歌打扮得更美丽,请你用"美在……"这种句式说一句话。

　　示例:美在"明"字写出了人间万家灯火的壮丽景观。

　　　　　美在"定能够骑着牛儿来往",写出了牛郎织女的幸福美满。

　　(六)三读诗歌,品味内涵美

　　学生再读诗歌,并圈点批注,小组讨论思考以下内容:

　　1.诗人由远远的街灯联想到什么? 为什么会产生这样的联想?

　　2.诗人看到明星景象时产生了哪些遐想?

　　3.诗中的"牛郎织女"与生活中的"牛郎织女"的命运有何不同?

　　4.诗歌寄寓了诗人怎样的思想感情?

　　明确:

　　1.诗人由远远的街灯联想到天上的明星,又由天上的明星联想到无数的街灯。

　　2.诗人又想象出美丽的街市、珍奇的物品、浅浅的天河、骑着牛儿来往的牛郎织女。

　　3.诗中的牛郎织女:

　　活动:骑着牛儿来往、闲游

　　　　　提着灯笼在走

　　　　　(悠闲、自在)

　　环境:缥缈、美丽、浅浅、珍奇

　　　　　(美、富足)

　　小结:诗中的牛郎织女的生活是:自由、美好、幸福。

　　传说中的牛郎织女:只能够七夕相会。

　　小结:传说中的牛郎织女的生活是束缚、悲惨、凄凉。

　　4.天上:自由　美好　幸福

人间:束缚　黑暗　凄凉

对比:对美好生活的向往,对黑暗现实的痛恨(主题)

(七)四读诗歌:感悟语言美

1.诗中反复出现的"定然""定"有什么作用?

明确:"定然""定"都表示断定的语气。诗中所描绘的事物明明是出自想象,作者却用斩钉截铁的语气加以肯定,这表明了作者坚信这样的理想世界是存在的,对美好的未来充满了信心,使我们读后也同样受到鼓舞和感染。

2."不信,请看那朵流星,是他们提着灯笼在走。"这句话中"朵"字用得好,为什么?

明确:"朵"字写出了那一闪而过的流星恰似花朵那般绚烂美丽。

(八)课堂小结

诗人由远远的街灯产生联想和想象,描绘了美丽的街市及牛郎织女幸福的生活,表现了诗人对黑暗现实的痛恨,对光明、自由、幸福、快乐生活的向往和追求,激发人们为实现这一理想而奋斗。

(九)拓展延伸

发挥你的联想和想象,续写。

1.夜空里弯弯的月亮……

2.月光照在大地上……

3.我不在父母身边的时候……

4.关在笼中的小鸟……

六、板书提纲

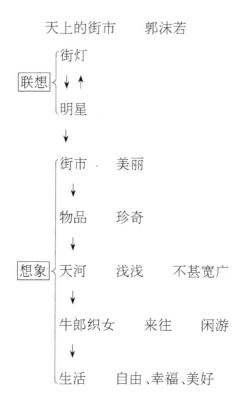

天上的街市　　郭沫若

联想　街灯　↓ ↑　明星

↓

街市　　美丽

↓

物品　　珍奇

↓

想象　天河　　浅浅　　不甚宽广

↓

牛郎织女　　来往　　闲游

↓

生活　　自由、幸福、美好

师：最后，我们用一句话来结束这堂课。一个民族有一些关注天空的人，他们才有希望；一个民族只是关心脚下的事情，那是没有未来的。我们的民族是大有希望的民族！我希望学生们经常地仰望天空，学会做人，学会思考，学会知识和技能，做一个关心世界和国家命运的人。

七、教学效果及反思

笔者在这一节课教学设计上，面向全体学生，使学生获得基本的语文素养，这节课重视学生诵读，让学生在诵读实践中丰富语言的积累，培养语感，发展语感，通过朗读加深体验与领悟，尊重学生独特的感受、体验和理解。

　　笔者注意发挥了师生双方在教学中的主动性和创造性,让教学在师生平等对话的过程中进行。但对话并不是让学生自发的讨论,而是在教师的引导下,让学生带着自己的经验、情感去钻研诗歌,进而领悟诗人的思想感情。教师应该参与其中,营造一种平等、和谐的对话氛围,让每个学生都能做到感情融汇感情,思想碰撞思想,同时,教师的感情和思想也应该参与到学生的感情和思想之中,分享学生的收获。为此,笔者设计了五个环节来体现我的教学思想:

　　一是让学生搜集相关材料,让学生自己去筛选感兴趣的材料。这不仅可以激发学生学习诗歌的兴趣,而且还可以培养学生初步处理信息的能力。

　　二是重视让学生联系社会背景,对作品的思想感情倾向通过朗读做出自己的评价。

　　三是通过诵读、品味、感悟三环节,让学生尽可能地直接接触诗歌,独立阅读诗歌。教师要尊重学生在学习过程中的个人体验,让学生在交流和讨论中,做出自己的判断。提倡学生提出自己的看法,这样能充分激发学生的主动意识和进取精神,让学生在主动积极的思维和情感活动中,加深对诗歌的理解和体验,让学生有所感悟和思考。

　　四是注重语言的积累、感悟和运用,诗歌要求学生多诵读,因此在教学中笔者设计让学生多诵读的环节,让学生在反复诵读和比较诵读中增强语感,发展语感,加深领悟。

　　五是设计联想、想象训练。语文教学不仅要注重语言的积累、感悟和运用,还要注重基本技能的训练,促进学生持续发展。但本课也有不足之处,学生个别展示朗读时,可提示学生注意朗读技巧,为朗读点评做铺垫,另外,拓展训练部分,还可以加深难度。

《卜算子·咏梅》教学设计①

一、背景描述

《卜算子·咏梅》是部编版八年级下册课外诗词鉴赏中的一首词,词人以梅花自比,开在残破不堪的断桥边的梅花,注定孤独寂寞,无人欣赏,一如词人的北伐大业得不到支持的寂寞忧愁;梅花遭遇凄惨,依然有香如故,一如词人饱受排挤,却始终志向不改,忠贞不渝的爱国之情。

二、教学目标

(一)了解作者及写作背景。

(二)理解词的内容,感悟梅花的品质。

(三)学习托物言志的写法。

(四)学习陆游坚贞不屈的精神。

三、教学重难点分析及解决措施

(一)重点与难点

1.理解词的内容,感悟梅花的品质。

2.学习托物言志的写法。

3.学习陆游坚贞不屈的精神。

(二)解决措施

在朗读中理解词的内容,从梅花的外形特点入手,逐步领会梅花的内在品质。通过了解作者及写作背景,体会作者的孤独,以及屡遭挫折打击,也要

---

① 于珍,天津市第四十五中学。

坚守节操不改初衷的决心和傲骨。引导学生理解梅花与作者陆游之间的共通之处,进而学习托物言志的写法。

四、教学准备

PPT 课件

五、教学设计

(一)梅的意象

梅花,历来深受人们喜爱。"梅兰竹菊"并称为花中"四君子"。有关梅花的诗、词、画不计其数,我们有没有想过,人们为什么如此喜欢梅,欣赏梅呢?

1.美丽,(姿态优美)枝干交错,花朵点点,白居易赞其"繁似雪,丽如妆"。

2.散发淡淡清香。("墙角数枝梅,凌寒独自开,遥知不是雪,为有暗香来。""梅须逊雪三分白,雪却输梅一段香")。

3.不畏严寒,傲霜斗雪。梅是早春花卉,自古有"踏雪寻梅""探梅寻春"的举动,每年早春,梅花都会率先盛放,有些地方冰雪还未融化,已见梅花傲雪而开。

4.品质高洁,"不要人夸颜色好,只留清气满乾坤"梅花美丽清香,不畏严寒,这么好的梅花,我们喜欢吗? 大诗人陆游,对梅花也是情有独钟。他描写赞颂梅花的诗词,共有 160 多首。

今天我们就来学习他的《卜算子·咏梅》,共同品味陆游笔下梅花的独特神韵。(板书课题 作者)

(二)读诗译诗

1.教师范读,自由朗读,指名阅读,齐读。

2.齐读:声音放开,注意诵读的停顿,语速,重音。

3.小组合作,结合注释疏通词义。

（三）陆游的梅

1.我们来看词的上片,上片词中的梅花盛开在什么样的环境里?(最好先找词句,再说说你的理解。)

驿外断桥边:荒凉的驿亭外,断桥旁。驿站,古代传递政府文书的人中途换马匹休息、住宿的地方。人烟稀少,即使有人,也是来去匆匆。

更著风和雨:黄昏时候的凄风冷雨。

2.在这种环境中的梅花有什么特点?

寂寞开无主:无主:无人过问,无人欣赏。它不是游人云集的园林中的梅,也不是文人雅士庭院中的梅,而是长在荒凉的郊外的一株野梅,自然无人理睬,无人照管,更加无人欣赏,所以会孤独寂寞。

独自愁:黄昏的降临和自己的无依无靠,使他陷入了愁苦,再加上凄风冷雨,更加孤苦忧愁。

3.请学生们来看词的下片,本已寂寞忧愁的梅花又遭遇了什么呢!

群芳妒:梅花迎春绽放,最先迎来春天,本无意争春,却受到群芳的嫉妒。

零落成泥碾作尘:凋谢飘落,碾入泥土,化为粉尘。

4.环境是如此险恶,遭遇是这样的不幸,那梅花又是如何对待这些遭遇的呢?

无意苦争春,一任群芳妒:梅花最先绽放,有迎春报春的赤诚,却没有争春的心计和打算,对于来自百花的妒忌,也不屑一顾。

有香如故:梅花的可贵,不仅表现在它盛开枝头的时候,同样也表现在凋落之后,她美丽的形体虽已不复存在,但它那沁人心脾的香味仍久久不散。

5.陆游的《咏梅》突出了梅花什么样的品质?

品质高洁,意志坚定,朴实无华,不慕虚荣,胸怀坦荡,傲然不屈,坚贞不屈,坚守信念,百折不挠,坚定,倔强,顽强。

总结品质:环境荒凉也要默默盛开,凄风冷雨中也要默默盛开,无人欣赏也要默默盛开,寂寞忧愁也要默默盛开,这体现出梅花的坚定,倔强,顽强的品质。

总结品质:梅是报春的使者,却不争春邀宠,任凭群芳妒忌,也不改变自己,无论遭受何种打击摧残,也要散发出缕缕清香,突出了梅品质的高洁,意志的坚贞。

6.为什么陆游笔下的梅是如此独特与众不同呢?我们对陆游的了解又有多少呢?谁能和大家分享一下你了解的陆游?

师:词人在这首词中突出梅花的高洁和坚贞,这和词人的经历遭遇是分不开的。

作者是陆游(1125－1210),字务观,号放翁,南宋爱国诗人。他生活在日益衰败的南宋时代,一贯坚决主张抗金,收复失地,却一而再,再而三的遭受打击、排挤、贬谪,使诗人陷入孤立,感到悲凉寂寞。作者作此词时,正因力主对金用兵而受贬。

作者作此词时,正因力主对金用兵而受贬,词中的梅花正是作者自身的写照。了解了这些,也就不难理解词人笔下的梅花"寂寞忧愁",其实是陆游的抗金北伐的主张得不到支持而产生的寂寞忧愁。

梅花的"一任群芳妒"其实就是词人遭受主和派排挤打击而绝不与之同流合污的坚决,梅花的"只有香如故",其实就是词人的历尽艰辛,屡遭挫折打击,也要坚守节操不改初衷的决心和傲骨。这种借助对梅的描写歌咏来表现作者内心的思想与情感的方法叫作托物言志。

在词人营造的意境之中,梅花即陆游,陆游亦梅花,陆游与梅花,物我两照,相互交融,真可谓"一树梅花一放翁"。

(四)作业

1.背诵陆游的咏梅词。

2.搜集毛泽东诗词《卜算子咏梅》对比阅读。

六、板书提纲

梅花 ⎧寂寞忧愁
⎨任群芳妒　　托物言志
⎩有香如故

复国无路⎫
坚守节操⎬陆游
不改初衷⎭

七、教学效果及反思

"书读百遍,其义自见",在诗词的教学当中,朗读教学是具有极其重要的作用的。本课通过教师范读,自由朗读,指名阅读,齐读,充分发挥朗读的作用,让学生在朗读中有所理解和感悟。

赏析诗词要特别注意体会其核心意象,如词中的"梅",在了解梅花的特点,体会梅花品质的基础上,感受陆游通过梅花寄托的志向。

《核舟记》教学设计(第2课时)[①]

一、背景描述

本篇课文是八年级下册第三单元(古诗文单元)中的自读课,介绍了奇绝艺人的精湛技艺。本单元的三篇文言文包括《桃花源记》《小石潭记》《核舟记》。在学过前两篇"记"后,学生对此种文体有了一定认识,可以以更加开放、自主的方式学习这篇课文。这篇课文与前两篇文章在内容和风格上差异明显,应在把握共性与个性的基础上开展教学活动。

二、教学目标

(一)在了解文意的基础上,梳理文章脉络。

① 王鑫,天津市第七中学

(二)探究作者文思之巧。

(三)领会核舟雕刻技艺的高超。

三、教学重难点及分析解决措施

(一)重点与难点

1. 梳理文章脉络。

2. 理解作者文思之巧,雕刻家技艺之精。

(二)解决措施

1. 采取自主学习方式梳理文章脉络。

2. 借助课外资料深入理解人物、情境,品读文本,理解雕刻家设计的巧妙、技艺的灵怪。

四、教学准备

思维导图、多媒体课件

五、教学设计

(一)复习文学常识,导入新课

1.《核舟记》选自清朝人张潮编辑的《虞初新志》。

2.《核舟记》这篇文章的作者是魏学洢。

3. 王叔远雕刻了桃核舟,送给魏学洢,魏学洢用文字描绘出了这件微雕作品。

4. 这个微雕桃核舟雕刻的是苏轼泛舟赤壁的场景。

(二)自由地朗读课文,完成填空

我从_____中看出核舟_____。

（三）学生上台，讲解思维导图，初步了解文章结构。

（四）作者为什么先从中间写起？

生1：直观上看，中间部分比较大，是视觉主体，也适合雕刻比较大的船舱。

生2：其中对联交代了事件背景。

（"山高月小，水落石出"出自《后赤壁赋》，"清风徐来，水波不兴"出自《赤壁赋》。窗上刻有苏轼《赤壁赋》《后赤壁赋》中写景的名句，可以使读者通过想象感知苏轼当年泛舟赤壁时的优美环境。如果我们把核舟比作一幅图画的话，船舱无疑就是背景部分了，先说背景，不仅可以引人入胜，而且可以使读者初步感受这个环境中的特殊氛围。）

（五）从前后《赤壁赋》中选取一些语句，请学生朗读并思考，作者是在怎样的环境中泛舟赤壁的？

壬戌之秋，七月既望，苏子与客泛舟游于赤壁之下。清风徐来，水波不兴。

月出于东山之上，徘徊于斗牛之间。

白露横江，水光接天。纵一苇之所如，凌万顷之茫然。

二客从予过黄泥之坂。霜露既降，木叶尽脱，人影在地，仰见明月，顾而乐之，行歌相答。

江流有声，断岸千尺；山高月小，水落石出。

放乎中流，听其所止而休焉。

生：苏轼他们是在优美、壮观、有诗意的环境中泛舟赤壁的。

（六）在这样的环境中人的状态又是怎样的呢？

1.我们注意一个问题，（"苏子与客泛舟游于赤壁之下""二客从予过黄泥之坂"）前后《赤壁赋》中都只提到了"客"，并没有点名"客"到底是谁。但是核舟的雕刻者王叔远却赋予"客"以具体的人物——鲁直和佛印，雕刻者为什么会将鲁直和佛印呈现在微雕艺术作品中,让这两位"客"与苏轼泛舟赤壁呢?

(播放"人物关系、人物趣事"微课。)

2.从以上微课中,我们可以获取哪些信息?

生:东坡、鲁直、佛印他们三个是知己,是好友,关系密切。

3.文中哪些细节表现了他们是知己?

(1)苏轼和黄鲁直。

苏、黄共阅一手卷。东坡右手执卷端,左手抚鲁直背。……如有所语。……其两膝相比者。

生:"苏、黄共阅一手卷"说明他们有相同的兴趣爱好,志同道合;"抚""如有所语""比"等词语说明他们非常亲密。

(2)佛印展现出了怎样的状态?

佛印绝类弥勒,袒胸露乳,矫首昂视,神情与苏、黄不属。卧右膝,诎右臂支船,而竖其左膝,左臂挂念珠倚之。

生:逍遥自在、心无旁骛、身临其境。

(3)回到最初的问题,在这样的环境中,这几个人物的状态是怎样的?

生:他们都是惬意、怡然自得、轻松愉悦的,人与人之间、人与环境之间获得了心灵的契合。

(七)除了船头的三位主要人物,核舟上还有哪些细节也展现出了怡然自得、轻松愉悦的氛围?

生1:舟尾横卧一楫。

船楫的"横卧",暗示出有楫同于无楫,放任自流的境界。

生2:两个舟子。

楫左右舟子各一人。居右者椎髻仰面,左手倚一衡木,右手攀右趾,若啸呼状。居左者右手执蒲葵扇,左手抚炉,炉上有壶,其人视端容寂,若听茶声然。

通过动作、外貌、神态描写,展现出了舟子也是悠闲、轻松的状态。

（八）这个核舟设计如此精妙。现在有一位收藏家想收藏它,你觉得收藏家收藏它的理由有哪些?

生:它雕刻得奇巧、灵怪,富有文化内涵,又具有纪念意义。

（九）收藏家想把这枚核舟用于展览,请你为它写一份展会推介词……

六、板书提纲

奇巧	优美	逍遥自在
	壮观	心无旁骛
灵怪	诗意	身临其境

轻松愉悦

七、教学效果及反思

（一）教学效果

能够做到创设教学情境,满足听、说、读、写的训练目标,引导学生发散思维,积极参与课堂互动。

（二）反思

应压缩一些引导时间,给“推介词”环节一定的展示时间,让“写”的环节更凸显一些,使整个教学环节更加完整。

《桃花源记》教学设计①

一、背景描述

本文是八年级下册第三单元(古诗文单元)中的第一篇,本文是传统名篇,是学生认识陶渊明的必由之路。本课书教学要引领学生了解"记"这种文体,为本单元后两篇文言文的学习做好铺垫。更重要的是,通过本课学习感悟陶渊明的语言风格和思想志趣,为今后进一步学习陶渊明的作品打下基础。

二、教学目标

(一)疏通文义,积累常见的文言知识。

(二)理清文章的叙事线索,品味陶渊明的语言风格,熟读并背诵课文。

(三)了解陶渊明的经历,并体会作者通过描写"世外桃源"所寄托的情感和作者的思想追求。

三、教学重难点及分析解决措施

(一)教学重难点

1.积累文言知识,熟读并背诵课文。

2.体会本文的写作特色和思想情感。

(二)分析解决措施

利用微课和文言知识导学案在自主学习基础上,引导学生合作探究,把握要点、重点。

---

① 王鑫,天津市第七中学。

四、教学准备

微课、学案、多媒体课件

五、教学设计

（一）文学常识

1.文体知识："记"是古代的一种文体，可以通过记人、记事、记物、记景，来抒发作者的感情和主张，寄景抒情，托物言志。

2.走进作者：陶渊明，字元亮，又名潜，自号"五柳先生"，世称"靖节先生"。东晋诗人、文学家、辞赋家、散文家。他曾"不为五斗米折腰"，弃官回乡从此过起了田园式的隐居生活。他是中国第一位田园诗人，被称为"古今隐逸诗人之宗"。代表作《饮酒》《归园田居》《五柳先生传》《归去来兮辞》等。

（二）梳理文言知识，体会语言特点

1.借助微课和文言知识导学案，小组合作，疏通文义。

2.小组合作学习，归纳文言句式，有哪些发现。

生：发现本文多省略句。

3.补充省略成分，比较阅读，哪种表达效果更好？

生：原句更好，读起来更简洁、有韵味。

（三）研读课文

1.指名朗读一、二、三段，画出标识主观感觉、状态的词？

生：忘、异、欲、大惊、叹惋。

2."忘"说明渔人迷路，却意外发现桃花源。

3.渔人对什么"异"？

生：夹岸数百步，中无杂树，芳草鲜美，落英缤纷。

4.这句话描绘出了一幅怎样的画面？带给你怎样的感受？

生:美不胜收、令人神往。

5.这吸引渔人继续前进(复前行,欲穷其林)。渔人是如何进入桃花源的?

生:林尽水源,便得一山,山有小口,仿佛若有光。便舍船从口入。初极狭,才通人。复行数十步,豁然开朗。

6.这句写出了桃花源神秘、隐蔽、僻静、幽静、宛转曲折的特征。

7.渔人入山后,看到了怎样的图景?请你用恰当的词句评述这幅图景。

生:土地平旷,屋舍俨然,有良田美池桑竹之属,阡陌交通,鸡犬相闻。——富有传奇色彩、无车马喧、世外仙境。

其中往来种作,男女衣着,悉如外人,黄发垂髫,并怡然自乐——自给自足、安居乐业、各得其所、安适和乐、充满人间烟火气。

8.桃花源中的人为什么见到渔人会"大惊"?

生:说明桃源人与世隔绝很久。

9.桃源人为什么会与世隔绝?

生:自云先世避秦时乱,率妻子邑人来此绝境,不复出焉,遂与外人间隔。

10.桃源人为何"叹惋"?

生:因为世间的战争纷乱,朝代的更迭。

11.渔人与桃源人除了交流往事,还与桃花源中的人有哪些互动交往?

生:便要还家,设酒杀鸡作食。村中闻有此人,咸来问讯。余人各复延至其家,皆出酒食。

12.从中可以看出桃源人淳朴好客、丰衣足食、朴实诚恳、抱素怀朴、令人流连。

13.桃花源如此美好、令人流连,于是渔人离开桃花源,"便扶向路",又"处处志之",而后来"寻向所志",却"不复得路"。作者为什么不满足渔人"流连"之心?这样写的目的是什么?

生:暗示桃花源是虚构的境界,作者虚景实写,如此美好的桃花源实则是一个似有而无、似真而幻的所在。同时增加文章的神秘色彩。

14.作者为什么要虚构这样一个似有而无、似真而幻的所在?

生:对当时社会的不满,对美好生活的向往,是作者的理想境界和精神追求。

15.总结:

(1)本文特点

1.语言言简意赅,富有表现力。

2.故事曲折回环,引人入胜。

3.运用了虚景实写的手法。

(2)出自本文的成语:世外桃源　落英缤纷　豁然开朗　鸡犬相闻

黄发垂髫　怡然自乐　无人问津

六、板书提纲

(发现)桃花源——忘、异

(进入)桃花源——欲

(访问)桃花源——大惊、叹惋

(离开)桃花源——便扶向路、处处志之

(再寻)桃花源——不复得路、无问津者

七、教学效果及反思

(一)教学效果

能引导学生走进教学情境,帮助学生理清文章脉络,发散思维,品读文章内容、内涵。

(二)教学反思

对文本的研读应更深入,应进一步引入课外素材,引导学生深入理解陶渊明的文风和思想志趣。

《木兰诗》教案设计①

一、教学背景分析

（一）教材分析

1.本课是部编本教材七年级下册第二单元的课文。《木兰诗》是一首北朝民歌,教学重点要求学生能够"把握诗中人物形象的特点,并能体会诗歌刚健明朗、质朴生动的民歌情味"。因此,教学时注重引导学生分析木兰的形象,还应让学生学会通过反复诵读、品味语言的方式体会诗歌的民歌情味。

2.本单元的主题是家国情怀,《木兰诗》将家国情怀进行了完美的统一,是进行审美教育的好蓝本。教学时要抓住本诗的民歌特色,理解《木兰诗》的语言风格。

（二）学情分析

1.七年级学生有很强的好奇心和表现欲望,可采取多种朗读和评价方式,激发学生的参与意识,培养他们的合作精神和探究热情。

2.学生对花木兰替父从军的故事均有大致了解,可鼓励其自主预习,上课分享对诗歌或人物的理解。根据学生展示情况引导学生把握诗歌中人物形象的特点,并立足文本分析人物形象。

3.七年级是学生形成审美观、价值观的关键时期,但他们的鉴赏能力还比较有限,品析语言、分析修辞的能力还有待加强,需要加强指导,进行有效的训练。

---

① 王心怡,天津市第四十五中学。

二、教学目标

1.了解"乐府"的有关知识;体会诗歌刚健明朗、质朴生动的民歌情味,感受体会北朝民歌特点,掌握本文对偶、互文、排比、比喻、夸张等修辞手法及表达效果。

2.学习本文叙事详略得当的写作手法。

3.把握诗歌中人物形象的特点并背诵全诗。

4.学习木兰的家国情怀,培养学生的爱家、爱国情感。

三、教学重难点

1.体会木兰的人物形象及英雄气概与儿女情怀的心理动力,体会木兰代父从军、保家卫国的爱国主义精神和热爱和平美好生活的女儿情怀。

2.反复朗诵诗歌,体会诗歌的语言和民歌情味。

四、教学过程

第一课时

(一)导入

花木兰是一位充满传奇色彩的人物,关于花木兰的故事也曾多次被改编成了戏曲、电影、动画等艺术形式,我们一起来看 1998 年上映的迪士尼动画片《花木兰》的小片段(视频)。

在动画片段中我们初步认识了木兰,而她的精神也一直被传诵至今,现在安徽、河南、河北等地都曾给木兰建庙奉祠,以此纪念她的英雄事迹。今天就让我们走近北朝民歌《木兰诗》,去感受木兰的思想情感与人格魅力。

设计意图:联系当下影视资讯,通过课件展示的图片和视频片段,引起学生阅读兴趣。

（二）解题

本文选自宋代郭茂倩编的《乐府诗集》。郭茂倩(1041—1099)，字德粲，北宋郓州须城(今山东东平)人。为莱州通判郭劝之孙，太常博士郭源明之子。编有《乐府诗集》百卷传世。《乐府诗集》中收录了较多南北朝民歌。

乐府是汉朝的音乐机关，负责制定乐谱、采集歌词和训练乐工。专门收集民歌，后来把乐府官署所采集、创作的歌词也称"乐府"或"乐府诗"，成为一种音乐性的诗体。乐府产生在民间，因此多反映民风民情，契合老百姓的心理。

今天我们学习的《木兰诗》是北朝民歌的代表作品，和《孔雀东南飞》并称"乐府双璧"。

（三）学生自主预习展示

找学生谈谈已知的《木兰诗》的相关知识或感兴趣之处。

设计意图：让学生充分发挥学习主动性，上台讲述自己的理解，鼓励学生积极参与课堂，并可通过学生的讲述了解他们的兴趣点和知识正确性，为下面的教学提供更多方向性的指引。

（四）扫除字词障碍、疏通文义

1. 字音字形

赏赐(cì)　云鬓(bìn)　军帖(tiě)　可汗(hán)　辔头(pèi)

燕山(yān)　金柝(tuò)　机杼(zhù)　鞍鞯(jiān)　溅溅(jiān)

2. 诵读诗歌。

(1)学生分段读。

(2)教师点评，齐读。

3. 积累文言词语

(1)通假字：对镜帖花黄("帖"同"贴"，贴上)

(2)古今异义

a.木兰当户织(古义:门;今义:人家、门第)

b.阿爷无大儿(古义:父亲;今义:父亲的父亲)

c.雌兔眼迷离(古义:眯着眼;今义:模糊而难以分辨清楚)

d.双兔傍地走(古义:跑;今义:行,离开)

e.但闻黄河流水鸣溅溅(古义:只;今义:常用作转折连词)

(3)一词多义

a.将:将军百战死(统帅军队的人)　出郭相扶将(扶持)

b.市:愿为市鞍马(买)　东市买骏马(市场、集市)

c.帖:昨夜见军帖(文告)　对镜帖花黄(同"贴",贴上)

(4)词类活用

愿为市鞍马(名词活用作动词,买)

(5)疏通文义,讲解修辞:对偶、互文、排比、比喻、夸张等

设计意图:正音后先通过学生反复诵读对诗歌有初步了解。此后对文中具体的词句进行文言知识讲解。

(五)感知内容,分析形象

1.自读课文,把握诗歌内容与结构,让学生概述故事情节

这是一首叙事诗,依据故事的发生、发展和结束,这首诗可以分为几个部分? 各写出了什么? 小组讨论,尝试用四个字来简单概括每一部分的内容。

(1)设计意图:在读通课文后梳理词句大意,分层概括中进行修辞知识的讲解。

(2)明确:

第一部分(1—3段)——替父从军。

第二部分(第4段)——十年征战。

第三部分(5—6段)——辞官归来。

第四部分(第7段)——结尾附文。

2.齐读课文,梳理详略

哪些部分是详写,哪些部分是略写? 作者为什么要这样安排呢?

(1)明确:第一部分、第三部分详写,第二部分略写,即出征前的准备和还乡团聚部分详写,十年征战部分略写。

这是一首民歌,诗歌反映的是老百姓的心理。战争场面惜墨如金、极其精炼,寥寥数笔概括了战争生活的艰苦与残酷,隐含了作者对美好生活的向往祝福和对战争的冷淡和疏远。老百姓喜欢大团圆的喜庆祥和,因而团聚场面反复描写一家人相聚的情景、着力刻画木兰的女儿情态。

(2)设计意图:对文本进一步分析,通过明确诗歌的层次和详略,让学生初步感受诗歌情感和人物形象,为下节课继续深入探究打基础。

(六)板书

1.第一部分(1—3 段)——替父从军　(详)

2.第二部分(第 4 段)——十年征战　(略)

3.第三部分(5—6 段)——辞官归来　(详)

4.第四部分(第 7 段)——结尾附文

(七)作业

1.思考木兰的形象和心理变化。

2.查找南朝民歌语言风格相关资料。

设计意图:经过一节课的内容梳理,学生对文本已基本熟悉。背诵的基础上进行人物形象的思考,为下节课展开探究打基础。自学南北朝时歌风格对比,调动学生学习自觉性,积累课外知识,进行文化层面拓展,提高语文核心素养。

第二课时

(一)导入

《木兰诗》作为北朝民歌的代表作,具有怎样的风格特色呢? 相对应的南朝民歌又有怎样的特点呢？带着上节课的问题,我们找学生来介绍一下相关的内容。

1.明确:巩固北朝名歌特色,明确南北朝民歌的不同风格。北朝民歌质朴粗犷、豪迈雄壮,南朝民歌温柔缠绵,柔美婉约。简要分析《西洲曲》和《折杨柳枝歌》的风格特点,加深印象。

2.设计意图:通过对北朝民歌和南朝民歌的简单对比,更深入了解北朝民歌的语言风格及其形成原因,有利于学生掌握文化背景,进一步巩固北朝民歌特色,拓展文化知识,提高语文核心素养,帮助学生初步形成文学史观。

(二)多种方式读课文

1.齐读课文,回忆上节课所疏通的文意和划分的层次。

(1)设计意图

回顾上节课内容,更好进入本节课主题。

根据你所体会的木兰的心路历程,确定每一层次的情感。

(2)明确

第一部分代父从军 忧愁—坚定

第二部分十年征战 悲壮

第三部分辞官团聚 欢快喜悦

第四部分风趣结尾 调皮幽默

2.学生起来展示读,注意引导学生把握一些句子细微的情感差异。

3.全班有感情地齐读。

设计意图:练习诵读,更好体会诗歌感情。

(三)探究人物形象

引导学生以"从( )句中,我读到了一个( )的木兰,因为( )"的句式作答。

师:我从"愿为市鞍马,从此替爷征"一句读出一个孝顺,有责任感的木兰。因为一边是年迈的父亲,一边是紧急的军情,几番思索之后,木兰还是决定代父从军。她意识到这个职责不但是家庭的,而且是国家的,这样一个孝顺、有责任心的木兰就伫立于我们眼前。

独立思考两分钟。

"唧唧复唧唧,木兰当户织。不闻机杼声,唯闻女叹息。"——勤劳孝顺

"愿为市鞍马,从此替爷征。"——勇敢坚毅,忠孝两全

"万里赴戎机,关山度若飞。朔气传金柝,寒光照铁衣。将军百战死,壮士十年归。"——勇猛坚强

"木兰不用尚书郎,愿驰千里足,送儿还故乡。"——不慕名利,恋家

"策勋十二转,赏赐百千强。"——英勇

"当窗理云鬓,对镜贴花黄。"——爱美

"出门看火伴,火伴皆惊忙:同行十二年,不知木兰是女郎。"——机智、谨慎

小组讨论做补充三分钟。

根据学生提炼的人物形象,引导学生将这些表示品质的词语按照"英雄气概"和"女儿情怀"做划分。

1.明确:我们通常印象里的英雄,如关羽、岳飞、武松,他们都是高大勇猛的形象,对比木兰的形象则是勤劳孝顺、深明大义、果敢坚强、英勇善战、不慕名利、谨慎机敏……这样使得木兰的人物形象更加丰富立体,不仅有英雄气概,也有女儿情怀。她爱亲人,也爱祖国,替父从军是尽孝,为国杀敌是尽忠,木兰把忠孝融合到了一起,也是史上不多见的能够做到"忠孝两全"的人物,这也是她的故事能够千古流芳的主要原因。

2.设计意图:根据文本中提炼人物形象,让学生发现木兰形象的丰富性和独特性。

(四)自由发言

想象你是木兰身边的一个人(战友或亲人或其他身份),你想对木兰说点

什么?

设计意图:充分发挥学生想象力,站在其他人物角度侧面强化木兰形象。

(五)总结

"中华儿女多奇志,不爱红装爱武装",过去从军要女扮男装,如今的女兵光明正大、飒爽英姿,在军事国防中起到重要作用,女性在社会各行业各领域也都在展示着风采。时代在进步,世界对于女性的看法在改变,我们也应该在生活中学会尊重女性,平等对待女性,女孩子们也可以像木兰一样勇敢地开创自己的事业。

(六)板书

木兰诗

英雄气概(国)
　　　　　　　──→忠孝两全
女儿情怀(家)

设计意图:以直观简洁为原则,易为学生接受和理解,够集中学生的注意力,增强教学效果。

(七)作业

1.背诵全诗。

2.想象木兰从军中的一个场景,写一个小片段,要求事件符合人物身份和特征。

设计意图:巩固已学知识,检验课堂效果。发挥学生想象力,练习写作的过程中进一步强化木兰形象。

五、教学反思

木兰替父从军的故事家喻户晓,学生基本能够将故事梗概结合诗句复述出来,故课堂上可对诗歌含义这部分采取略讲的方式。本课的重心放在了体会人物形象上,力求在理解人物和诗歌的基础上,做到文化引申,立足当下,面向未来。

针对北朝民歌的特点,找到南朝民歌特点作为对比,进行补充拓展,学生的发言中也涉及历史、地理、文学史等方面。从课堂效果来看,学生对此兴趣浓厚。联系其他学科和以往学过的古代诗文教学,学生在一点一滴中逐渐可以构筑知识网络,初步形成文学史观念。

语文教学,尤其是文言文教学,很多时候需是要渗透文化的。从文本学习中来体现文化,根据文本特征来开发文化教学内容,有利于语文教学,同时也对学生起到浸染作用。古代诗文所蕴含的价值是多维的,而非只有字词的单一维度,正如文言、文章、文学、文化"一体四面"的主张,在教学中应重视教学价值的综合性、整体性。

在课堂总结部分,将动画电影《花木兰》引申至当今女兵的飒爽英姿。当时正值三八妇女节,世界杰出女性的代表们纷纷发声,均可体现当代社会对女性的认可。鼓励女生可以勇敢做自己,大胆逐梦,男生更要尊重女生,以平等的姿态相处,是将古代诗歌的现实意义落实到当下的良好途径。

英雄烽火家国梦[①]
——辛弃疾《永遇乐·京口北固亭怀古》教学设计

一、背景描述

辛弃疾是南宋著名爱国词人,他的作品充满英雄气概和家国情怀,其中《永遇乐·京口北固亭怀古》是学生学习豪放派诗词和南宋历史不可错过的经典作品。本词作为高中语文统编新版教材必修上册的一课,在教学中,除

---

① 王心怡,天津市第四十五中学。

了重点解读辛词较多的用典之外,还应当对学生进行思政教育,学习辛弃疾的爱国精神,培养学生爱国思想。

二、教学目标

(一)理解词中典故的内涵,鉴赏词人的用典技巧。

(二)感知词人的爱国形象,品析词人在典故中寄予的爱国情思。

(三)拓展欣赏辛弃疾爱国诗词,加强诗词积累的基础上联系实际,强化爱国主义情怀。

三、教学重难点

(一)重点与难点

理解典故的内涵和用意,培养学生爱国主义情怀。

(二)解决措施

通过深度阅读和分组讨论的形式明确典故内涵,联系时事思考现实意义。

四、教学准备

高一年级学生对于诗词的分析能力还不够,因此在分析本词之前,先布置了对辛弃疾和南宋历史的学习,在教学过程中将更加高效地推进对多个典故的理解和分析。

五、教学设计

本课教学以读促学,以论立志,通过初读、细读、诵读、拓读四个朗读环节,逐步加深对典故的理解,并在此过程中进行典故探讨和朗读互评,提高学生的参与积极性。

（一）初读

1.教师范读。

2.学生自读。

3.找学生读,教师和学生从字音断句是否正确以及情感是否表达到位等方面进行点评。

4.全班齐读:教师点评。

明确:辛弃疾此刻所面临的,是金兵南下的铁蹄、是南宋统治者的偏安,是仓皇南渡的狼狈……回首历史,耻辱依然清晰。那个混乱又狼狈的时代迫切需要英雄来收复失地、保家卫国。初读本词,要求学生想象辛弃疾的心境,读出对国家命运的忧虑。

（二）细读

辛弃疾的词最突出的一大特色的就是用典。结合书下注释,联系以往学过的历史,分小组集中讨论,回答问题:本词用了几个典故？分别是什么？尝试运用进行简洁的短语去概括。

1.明确

孙　权——置镇京口,雄踞一方

刘　裕——起兵北伐,恢复中原

刘义隆——草率出师,仓皇而逃

拓跋焘——率兵追击,建立行宫

廉　颇——尚进斗米,以示可用

教师可将学生分为五组,分别对五个典故进行讨论,思考辛弃疾使用这些典故的用意。

2.明确

怀古人物 1:孙权

孙权,字仲谋。从辛弃疾的称呼上便能推断出他对于孙权的尊敬之意。

孙权始置镇京口,以江东之地抗衡曹魏,形成了三国鼎立的局面。以千古英雄赞颂孙权,表达对他的赞叹和敬仰。物是人非,但英雄的丰功伟绩和千古江山相辉映,引发作者无限追忆和感慨。这两句追慕英雄及其功勋业绩,流露出江山依旧、英雄已逝的惆怅,表达了对前人事业后继无人的惋惜,暗指南宋统治者昏庸无能。

怀古人物 2:刘裕

南朝宋武帝刘裕,小名寄奴。直接称呼小名,可见京口百姓对刘裕的亲切。刘裕出身于"寻常巷陌",以京口为基地,对内平定割据势力,对外消灭外敌,建立了刘宋政权。看着当年刘裕曾经住过的地方,想象当年他领军北伐、收复失地的威猛,如此振奋人心,同时也让志不得伸的辛弃疾羡慕不已。此处既有追慕刘裕气吞胡虏的勇猛气魄,又有对当时建功立业的英雄的期待,体现了辛弃疾的报国雄心。

怀古人物 3:刘义隆

刘裕之子刘义隆年号"元嘉"。上阕刚刚结束对刘裕的赞颂,下阕即转入对其子刘义隆的讽刺。他主政期间的三次北伐无一成功,尤其是元嘉二十七年(450 年)的最后一次北伐,刚愎自用的他轻信王玄谟之策,草率出师,结果以惨败告终,只落得"仓皇北顾"的结局。倘能精心策划,谨慎用兵,收复部分失地是有极大可能实现的。辛弃疾在此以古鉴今,语重心长地告诫朝廷当权者:北伐一定要慎重,隐晦地表达了他对朝廷的告诫和国家命运的深深担忧。

怀古人物 4:拓跋焘

北魏太武帝拓跋焘,小名佛狸。拓跋焘于宋元嘉二十七年击败王玄谟的军队以后,在瓜步山上建立行宫,后改为祠庙,称佛狸祠。时过境迁,当地百姓已忘却此庙的来历,作为屈辱象征的佛狸祠,此时却成了举办"神鸦社鼓"的祭祀之地。还有谁会想到一千多年前的北魏入侵者就如同今日的金兵入侵呢?辛弃疾亦曾写道:"谁道投鞭飞渡,忆昔鸣髇血污,风雨佛狸愁。"(《水调歌头·舟次扬州和人韵》)如今百姓斗志松懈,民族意识模糊,辛弃疾在此饱含对百姓"哀其不幸,怒其不争"的悲哀和失望。

怀古人物5:廉颇

辛弃疾的遭遇与廉颇有相似之处,因韩侂胄的背弃,导致辛弃疾希望落空,这也正反映了当时南宋统治集团内部的矛盾和斗争。辛弃疾虽与廉颇一样都有着杀敌报国的爱国深情,但是廉颇尚还有人来问,自己却无人过问,最终还是得不到重用,既同情廉颇更是悲叹自己,其报国无路、壮志难酬的悲痛和愤慨在末句处达到高潮。

总结:辛弃疾一生历经沉浮,艰难坎坷,但仍一心向国,以收复失地,抗金复国为毕生志向。在本词中运用多个典故品评历史,借古论今,表明心迹。对这些历史人物,作者有褒有贬,从人物的称谓和事件的描述上都可向我们透露辛弃疾对他们的态度。

五个人物,五段故事,集中在一首词中,衔接流畅、寓意深远,饱含着浓浓的爱国主义精神。在辛弃疾的词作中,流露出对明君的渴望以及对偏安的嘲讽,但壮志难酬的同时,更让我们看到了他始终胸怀天下,难舍故国。

(三)诵读

在了解本词的典故和情感之后,需要带领学生进行真正意义上的诵读,把辛弃疾满腔的爱国之情、壮志难酬的悲愤之义贯穿全词中,尤其注意对人物的褒贬之情需要声调和语速的变化调整。全班齐读,放开声音,读出豪放之气和爱国激情。读后教师需要对学生的表现予以评价和鼓励。

(四)拓读

辛词的豪放和爱国激情值得学生进一步学习,因此可选择欣赏辛弃疾《水龙吟·登建康赏心亭》与《破阵子·醉里挑灯看剑》的朗诵视频,并体味作者情感。在拓展阅读的环节,丰富学生的诗词积累,强化辛词突出的豪放风格和他的爱国情感。

再次带学生明确当时背景:南宋时期,是我国历史上民族矛盾和阶级矛盾十分激烈的时期。辛弃疾用诗词作品抒发战斗不息、保家卫国的思想,洋溢着浓厚的爱国主义精神,他高昂、悲壮、雄浑的动人词作,充溢着战斗精神和爱国情怀,至今仍能带给我们巨大的鼓舞和力量,我们感动于他对国家的深沉情感,更要学习他心系国家、为国奋战的勇于担当和奉献精神。

我们的旧中国亦是如此,西方列强入侵,封建统治腐败无能,国家在近代也曾有过辛弃疾所面临的最黑暗悲惨的境地。那时的中国战乱频仍、生灵涂炭,山河破碎、满目疮痍,中国人民遭受了前所未有的屈辱。一批批仁人志士抛家舍业,义无反顾地踏上民族独立和人民解放的道路。如今虽已不是战争年代,我国的发展亦是翻天覆地,但在世界上依然有不和谐的声音时刻威胁着我们。我们每一个中国人对于国家的热爱和坚守,是不应随着时间的流逝而削减的。

在祖国的西部边陲,戍边战士陈红军、陈祥榕、肖思远、王焯冉在和外军的斗争中,不畏艰险,用生命诠释寸土不让;在四川的森林大火中,18名扑火队员在森林大火中奋力扑救,英勇牺牲;中华人民共和国成立以来,全国公安机关共有1.6万余名民警因公牺牲……他们的付出都是为了祖国的和平,为了我们的幸福生活,让我们向所有的坚守和奉献致敬!对先烈们的告慰,也是对我们的激励。习近平总书记说过:"他们信仰的理想正在实现,他们开创的事业正在继续,他们书写的历史必将由我们继续书写下去。"当下的我们,更应该珍惜来之不易的生活,不负时代、不负韶华。

六、板书提纲

```
孙  权——置镇京口,雄踞一方 ┐
刘  裕——起兵北伐,恢复中原 │
刘义隆——草率出师,仓皇而逃 ├ 壮志难酬、报国无门、忧国忧民——爱国
拓跋焘——率兵追击,建立行宫 │
廉  颇——尚进斗米,以示可用 ┘
```

七、教学反思

《课标》明确指出："学习中国古代优秀作品,体会其中蕴涵的中华民族精神,为形成一定的传统文化底蕴奠定基础。学习从历史发展的角度理解古代作品的内容价值,从中汲取民族智慧。"

本词难度较大,因为用典较多,因此如何引导学生理解典故中的意义就是本课重点所在。在教学过程中,通过初读、细读、诵读、拓读几个部分,串联起本词的典故和情感,并进一步了解和学习辛弃疾的爱国之情。

在教学的实施过程中,学生对于辛弃疾的五处用典有较高的探索精神,能够做到在讨论过程中积极思考,提出个人见解,最终在教师的引导下达成统一意见。多次的朗读分别在读音、断句、情感的变化升华几方面各有侧重,在理解的基础上更好地体会词中情感,也更深刻地领悟个人与国家命运的紧密联系。

爱国主义作为民族精神的核心在本课的教学过程中可以充分体现。通过辛弃疾这位著名爱国词人的作品引导学生体会爱国情感、强化爱国思想,既紧扣新课标要求,又扎根历史、立足当代、指向未来,是全面建设社会主义现代化国家推进文化领域的要求,同时也是语文教师在古诗词教学中需要践行的理念。将爱国思想与传统文化接轨,从丰厚的历史文化和民族精神中寻求力量、启迪人生。

我们的民族想要复兴,首先要对本国的语言文化有充分的理解和认同。诗词的教学应是一个文化传承的过程,最终的落点是文化的传承与反思。中国历史悠久的灿烂文化,要求我们在古诗词的教学上不能流于表面,应将"文言""文章""文学"和"文化"一体四面充分结合,深入内在感受理解诗词中蕴含的爱国主义情怀,带领学生浸润文化精华,最终培养热爱祖国、保卫祖国、充满文化自信的中学生。

《归去来兮辞》教学设计①

一、教学内容分析

《归去来兮辞》是魏晋时期文学的重要篇章,其中蕴含陶渊明不与世俗同流合污坚决归隐田园的思想,这一点引起后世许多文人学士的共鸣而具有超时代意义,可以说《归去来兮辞》是作者要脱离官场、归隐田园的宣言书,可以说是陶潜的思想总纲。领悟本文的内涵,有助于理解陶潜的人文精神,有助于学生积淀其中的人文关怀,其为守卫自己的精神家园所做的种种努力,如今对我们仍有不可磨灭的借鉴意义。

二、教学目标

(一)利用辞的体例和押韵的特点朗读并背诵全文,培养学生的古诗文的语感能力。在诵读中感受陶潜的归隐情结,体悟作者情感并能对作者的思想进行简单辨析。(二)对照序言、文本和注释资料,对本文进行浅层次的探究式学习。(三)引导学生从历史发展的角度理解陶潜的隐士情怀,从作品中接受古典文化的熏陶,形成健康美好的情感和奋发向上的人生态度,奠定精神的底色。

三、学情分析

学生在初中时曾经学过陶潜的《桃花源记》,对其人其事及其思想情感有一定的学习基础,可以此作为突破口。古代文化名人的精神世界有一种较高层次的文化需求,也有与他人平等交流的渴望,本教材的内容安排能在教大程度上满足学生的这一心理。

① 郑建强,天津市第四十五中学。

四、教学策略选择与设计

(一)新课标要求"诵读古典诗词和文言文,背诵一定数量的名篇",并在阅读与鉴赏中明确指出"教师应激发学生诵读的兴趣,培养学生诵读的习惯"。本单元的教学目标是"了解课文的思想内容,重视诵读"。基于以上两点,确定用"五读法"带动整个教学过程。

(二)新课标在阅读与鉴赏"教学建议"中特别指出,"阅读教学是学生、教师、教科书、编者、文本之间的多重对话,是思想碰撞和心灵交流的动态过程"。据此作为巩固和加深对较难问题的理解,采用对话法和探究法以完成教学任务。

五、教学重点及难点

解读陶潜这一隐逸诗人的形象及其意义探讨;"聊乘化以归尽,乐夫天命复奚疑"的准确理解。

六、教学过程

第一课时 走进陶渊明

(一)导入课文

我们在初中时曾背过陶潜的《桃花源记》,不知同学们是否还有印象?(师生一同背诵"土地平旷……并怡然自乐")《桃花源记》中悠闲自得的田园生活正是作者精神追求的形象反映。今天,我们来学习作者的另一篇文章《归去来兮辞》,走进陶渊明的精神世界,去解读他的归隐情结。(板书课题、作者)

现在先让我们看一看同学们制作的"作者档案"卡片,比一比谁与陶潜走得最近?(师生交流,选择最好的投放)

(解说:解读文学作品,离不开知人论世,用师生共同背诵及制作卡片的形式既可以唤醒学生的知识积累,又可以督促学生关注文本尤其是注释,还可以活跃课堂气氛,可谓一举三得。)

(二)走进陶渊明

1.读:学生自由朗读课文,粗略了解文意

第一环节:学生自由朗读,要求。

(1)一字一词读,读准字音,了解基本词义,弄懂上面提到的字词,理会文义。

(2)结合注释,疏通文义,并在不懂的地方做上标记,教师循环指导。

(3)找出所有押韵的字,在换韵的地方做出标记,反复朗读由换韵开启的段落和层次。

第二环节:交流体会,思路提示。

(1)第一段:归—悲—追—非。

(2)第二段:衣—微/奔—门—存—樽/颜—安—关—观—还—桓。

(3)第三段:游—求—忧/畴—舟/丘—流—休。

(4)第四段:之—期—耔—诗—疑。

第三环节:学生根据思路韵脚提示,朗诵诗歌,初步感受陶渊明的归隐情结。

2.读:教师范读课文,理清层次脉络

第一环节:朗读指导,利用诗体"辞"的特点,帮助诵读。

注意:

(1)诗与文不一样,诗中每停顿一处即为一句,不管是逗号还是句号。本诗除去开头一句"归去来兮"独立处理外,共有60句。两句为一组,四句为一节,每节表达一个完整的意思,读后可作稍长停顿。(据此理清全篇层次脉络)。

(2)六字句是全篇的主要形式,按三拍读,比如:舟/飘飘/而吹衣。少量的七字句也按三拍读,如:既自/以心/为形役。个别的五字句也同样,如:富贵/非/吾愿,帝乡/不可/期。还有一些三字句四字句则都当整句来读,末字适当地延长时间。

第二环节:教师范读,朗读时节奏要整齐,音韵要铿锵,要读得悦耳动听甚至动心。

第三环节:交流体会,理清全篇的脉络线索。

叙事线索:辞官—归途—抵家—室内生活—涉园—外出—纵情山水—如何度过余生。

情感线索:自责自悔—自安自乐—乐天安命。

解说:整理"情感线索"时要视具体情况而定,假如学生预习充分或理解程度较好,可顺势引导;若预习不够充分或对作者情感一时不能把握,则可将这一环节放到"悟读课文"后顺势引出。

第四环节:学生根据诗体"辞"的特点及脉络线索尝试背诵,进一步感受陶渊明的归隐情结。

3.读:学生悟读课文,领悟陶渊明的归隐情结

第一环节:让一名学生朗读第一段。

教师提问:陶潜的这种"心为行役"视入仕为"迷途"的心情,你能找出他的相关诗句证明吗? 设问:结合此诗和本段内容,可看出陶潜有什么样的情结?

小结:鄙弃官场,向往田园的归隐情结。

第二环节:涵泳(缓慢的吟诵)第二段。

涵泳本段,要求通过涵泳(缓慢的吟诵)展开想象和联想陶潜这一隐逸诗人的形象,最后达到当堂成诵。

解说:这一环节要每个学生都动起来,若学生有困难,教师可作如下指导:先一边缓缓地吟诵、细细地品味,一边展开想象与联想,在脑海中浮现出灵动的画面——诗人的外貌、神态、言行、心理等,边读边想,逐渐进入诗人的情感世界,与诗人同乐同叹,同悲同喜。对语言涵泳品味的渐熟后,便脱离书本,试着背诵直至能当堂成诵。

第三环节:师生对话,学生畅谈感受。

解说:对话时要求学生依据文本作答,不能大而无边,可隐含如下思路展开:归途中的归心似箭—抵家时的欣喜若狂—室内中的舒适安逸—园中时的流连忘返。

教师追问,从此段中又可以看出陶潜有什么样的归隐情结? 提示:与下面的诗句具有相同的心境。

小结:一诗一赋,表达了相同的心境,淡泊明志,闲适自在的归隐情结。

第四环节:分角色朗读第三段。

过程:(1)男生朗读此段,女同学注意听,男同学的朗读感情是否恰当? (2)男同学朗读,女同学评价。评价要点,若好,好在哪里,若不好,纠正,并说说为什么这么处理。(3)细读该段,你读出了什么? 请用"从……中我读出了……"句式回答。

小结:中国士大夫写劳动,都是倡导别人去劳动,自己是旁观者,而陶潜是中国士大夫中第一个劳动实践者,此乃其躬耕田园、琴书诗酒的归隐情结。

第五环节:默读文章第四段。

过程:(1)默读本段。有人认为本文结尾一句"聊乘化以归尽,乐夫天命复奚疑"包含着悲观消极的思想,试结合全文内容,谈谈你对这个问题的看法。

(2)学生讨论交流,互相质疑。

解说:此题的设置主要培养学生的思辨能力,答案不求唯一,能自圆其说即可,但要注意依据文本作答,假如学生能够联系陶潜的其他作品,则更应肯定。因有一定的难度,故而采用默读的方式,以使学生有更多的思考空间。

(3)小结:诗人回归田园,崇尚自然,是他质朴真实、率性而行的本性。他无法忍受官场对人的本性的扭曲,追求"本我""真我",不一味趋同,以求保存他的社会政治理想和人格价值,从字里行间我们不也体味到济世不得的痛苦与回归田园的无奈了吗? 因此,在本问中,陶渊明的思想感情既有回归田园的欢悦,又有理想受挫的失落和忧伤,应有完整的认识。陶潜顺应自然,乐天安命有别于"立德""立功"留名于世的儒学家,也有别于炼丹求长生的道家,这是他痛苦抉择后为守卫自己的精神家园所获得的人生真悟,此乃其乐天安命、追求精神自由的归隐情结。

4.读:学生分组竞赛朗读,体会感悟诗人的形象

学生分组竞赛按序朗读一段,比一比哪一小组读得最好。

评比标准:

(1)读准字音句读,读出一定的语气、语调和语顿,不能读破句。

(2)声音要整齐清脆响亮,读出抑扬、轻重、缓急。

(3)情绪饱满,读出一定的情感、气势。

顺势引导,梳理诗人形象的结构层次:呼唤归去——闲适生活——隐逸情怀——抒怀言志。

5.读:学生齐读全篇,要求熟读成诵,郎朗上口

(三)课堂小结

陶潜,入仕为官、大济苍生是他的初衷,鄙弃官场、归隐田园是他的觉醒,淡泊明志、闲适自在是他的追求,躬耕田亩是他的努力实践,诗酒琴书是他的生活情趣,乐天知命、追求自由是他的人生真悟。读《归去来兮辞》,是了解陶潜的归隐情结,了解中国文人精神文化的一个窗口。

(四)布置探究性作业:提供两个探究性题目,以供参考

1.参照序言(以讲义形式印发)和文本,比较本文注释①和2000 年版注释①,并思考编者如此改动,是否合理?

2.重读本文,你又读出了什么,请以"我眼中的陶潜"为话题写一篇随笔或提纲式的发言稿。

第二课时　走出陶渊明

(一)导入过渡

上一节我们以"五读"的形式走进陶渊明的心灵,今天再让我们以"探究"的形式走出陶渊明的精神世界,去了解更多。现在让我们交流一下同学们的研究成果。

(二)探究性学习交流

参照序言和文本,比较本文注释①和2000年版注释①,推敲本文的写作时间,并思考编者如此改动是否合理?

1.学生研究成果分类、展示

解说:这一过程"分类"是关键,教师可在课前先调查了解,以掌握课堂的研究走向并消除对话中的无序状态。

2.师生或生生对话

解说:为使此题的探究能更深入,教师要收集尽量多的资料,以备对话之需。要注意以下几点:

(1)王若虚曾指摘本文在谋篇上的毛病,说既然是将归而赋,则既归之事,也当想象而言之,但从问途以下都是直叙的话,显得自相矛盾。即所谓"前想象,后直述,不相侔。"

(2)周振甫先生的见解:"《序》称《辞》作于十一月,尚在仲冬;倘为'追录''直述',岂有'木欣欣以向荣''善万物之得时'等景色?亦岂有'农人告余以春及,将有事于西畴''或植杖而耘籽'等人事?其为未归前之想象,不言而喻矣。"

(3)钱钟书先生在《管锥编》中认为本文自"舟遥遥以轻飏"至"亦崎岖而经丘""叙启程之初至抵家以后诸况,心先历历想而如身正——",其谋篇机杼与《诗经·东山》写征人尚未抵家,而想象家中情状相类。

3. 小结

陶潜此文写于将归之际，人未归而心已先归，其想象归程及归后种种情状，正显得归意之坚和归心之切。如果都作为追叙和实录来看，反而失去强烈的情绪色彩和想象的空灵意趣，如周振甫先生所说也不符合写作时间的实际。

须知陶渊明是一位很富于创造性想象的诗人，他的《桃花源记》，就以丰富的想象，创造出一个优美逼真的世外桃源，成为"乌托邦"的始祖。这种浪漫主义的想象，乃是陶渊明创作的重要特色，也正是构成《归去来兮辞》谋篇特点的秘密所在。因此，本文注释①的改动体现了编者精益求精、科学理性的精神，这不也正是我们探究此题的又一收获吗？

解说：若学生有不同见解，能自圆其说，教师应鼓励学生在课后进行更加深入的探索。

4. 深化与延伸

(1)创设问题情境之一，在封建社会里，人们要建功立业，要"大济苍生"，实现人生价值，往往是和仕途紧紧联系起来的，陶潜此时却不愿为官，那么陶潜辞官归田的原因是什么？请依据文本作答。

学生活动："田园将芜""心为形役""已往不谏，来者可追""迷途未远，今是昨非"。

设计意图：理解作者的情感（自责、自悔→"田园将芜""心为形役"，自恕、自慰→"已往不谏，来者可追""迷途未远，今是昨非"）。

(2)创设问题情境二，对一个厌倦官场束缚和世俗条框的人而言，如今终于可以摆脱了，如果你处在这种情景，你有何感受？

学生活动：缓缓地吟诵、细细地品味，一边展开想象与联想，在脑海中浮现出灵动的画面——诗人的外貌、神态、言行、心理等，边读边想，便逐渐进入诗人的情感世界，与诗人同乐同叹，同悲同喜。

七、教学评价设计 学生讨论交流,允许互相质疑

解说:此题的设置主要培养学生的思辨能力,答案不求唯一,能自圆其说即可肯定,但要注意依据文本作答,假如学生能够联系陶潜的其他作品,则更应肯定。因有一定的难度,故而采用默读的方式,以使学生有更多的思考空间。

布置情感性作业:一诗一文就是一个别样的世界,就让这些优美的文字永远留在我们心底,做到没有错字、别字、漏字、多字。在这堂课中,是否有东西触动了你的心弦?那么赶紧记下来吧,把它整理到你的"素材库"中去。

八、板书设计

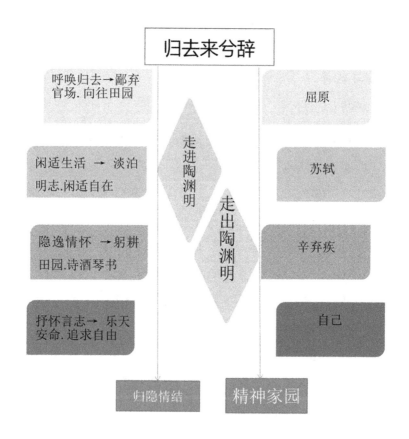